Senderos

Espero lo disfrute :)

Alana Saldivar

UNA NOVELA DE

Alana Saldivar

PAGE PUBLISHING, INC.
Conneaut Lake, PA

Primera publicación original de Page Publishing 2020

ISBN 978-1-64334-318-1 (Versión Impresa)
ISBN 978-1-64334-319-8 (Versión electrónica)

Libro impreso en Los Estados Unidos de América

Índice

Capítulo N° 1

Después de haber caminado todo el día bajo el lujurioso sol, haber tocado un sin número de puertas y haber sido rechazada en cada entrévista a la que iba; decidí probar, entonces, un poco de suerte con lo que había dejado como mi último recurso. El cansancio me dominaba y deseaba toda la buena vibra del mundo para no volver a casa sin nada.

Debido a la situación que reinaba en mi hogar, me vi obligada a buscar empleo afuera de mi pueblo, dejando atrás todos mis recuerdos y fantasía de mi inocente infancia.

No era la primera vez que abandonaba mi recordado hogar, pero sí la más dolorosa, pues esta vez salía frente a la vida, a mi vida y claro, también a mi destino porque de algo sí estaba segura y era que eso iba a encontrar: mi destino. Aquel del cual cada persona es solo un juguete más; un juguete cual viento se lleva con la primera ráfaga que pasa por la ciudad. No obstante, tenía mi objetivo bien trazado: ayudar a mis padres en la mejor medida posible. Incluso aunque eso significara sacrificar una parte de mi vida. Aquello no me importaba, pues ellos ya habían sacrificado parte de la suya por mí. Por ello, me sentía en deuda; además del amor inmenso que les tenía.

De mi infancia recordaba todos los cariños y cuidados de mi mamá. Así como también algunos de los golpes y desprecios de mi padre desde que cayó en el brutal y sucio vicio del alcohol. Ese dolor era horrible para mamá y para mí, pues resultaba difícil lidiar con un borracho, peor aun cuando es un familiar tuyo muy cercano. Entonces, ¿qué resulta de esto? Pues muchas veces, una vida difícil, llena de gastos y a la vez traumas familiares. En torno a como iban las cosas, me convenía que todo saliera bien con mi trabajo para no darle más dolores de cabeza a mamá y ayudar a papá, que era lo único que tenía de familia hasta ese momento.

Por su parte, si era cuestión de cuidado, mi mamá nunca me dejaba a cargo de otras personas que no fuesen ellos. A pesar de la profesión a la que se dedicaban: ambos maestros de educación primaria; y más aún, el doble trabajo de ella, ya que ejercía su carrera en un colegio también; mi madre, jamás descuido mi vida en cualquier ámbito. Como madre, ama de casa, esposa y profesional, ella era muy capaz y de esa manera, me había educado a mí también. Por lo tanto, me sentía capaz de ser igual que ella, pero no mejor.

Parte de mi infancia y de mi adolescencia había transcurrido en aquel pueblo lleno de riqueza natural, pero de poca inocencia en sus habitantes, debido a que la envidia, egoísmo y chismosería eran evidentes. Por ello, mamá no salía y mucho menos me permitía a mí andar por ahí, vagabundeando con algún amiguito o compañero de tareas ni mucho menos, algún novio. Aquello debido a que, las pocas veces que me permitio salir al principio de mi juguetona niñez, regresaba asustada y llorando, pues los pueblerinos siempre nos criticaban por dos razones: la primera, pero no más absurda, era el hecho de que nosotros éramos católicos y ellos de alguna secta o religión recién llegada a la comunidad; y la otra, era lo misterioso de mi familia, pues parecíamos no tener más familia que nosotros cuatro o tres desde que había muerto la abuela. Esa fue la razón por la cual mi padre se había dejado envenenar el corazón de ese líquido tonto, del cual la mayoría de las personas se valen para olvidar sus penas y que destruye la familia, la economía y la tranquilidad a nivel general dentro de un hogar.

El alcohol estaba consumiendo a mi padre como persona, ser humano y claro, también como profesional. Esto originó que mamá dejara unos de los dos trabajos, pues ya mi padre a causa de eso, estaba siendo pensionado. No era buen ejemplo como maestro para los alumnos en estado de ebriedad y la verdad es que, ¿qué persona lo es? Mamá trataba, en lo posible, de ser la mejor enfermera. Sin embargo, siempre hay gente a la que no le gusta ver tranquilos a los demás; de lo contrario, se empeñan en ver la gente destruida hasta que lo consiguen.

Entonces, la situación nos comprometía a mantener a mi padre un poco aislado de la sociedad. Hasta que un día, fue cuando le dio por querer salir y le dio una bofetada a mamá, llegando hasta el límite de los estribos. En ese momento, fue cuando se dio cuenta de que estaba en el pico de su enfermedad. Lloro con mi madre y le pidió perdón, prometiendo hacer lo que ella creyera conveniente. Entonces, mi padre, fue tan pronto como pudo a un centro de rehabilitación, auspiciado por la misma iglesia a la que pertenecíamos. Por otro lado, mamá no parecía tener familia. Por alguna razón, para mí estaba prohibido hablar o preguntar por el tema y lo respetaba, aunque mi curiosidad era deliberante y a veces, evidente. A pesar de ello, no existía ninguna explicación, pues solo era un asunto intocable.

Mi madre no se quejaba de la enfermedad de él y de que, en parte, mi educación nos dejaría más pobres de lo que en realidad ya estábamos. «Las cosas pasan por algo», decía ella. No obstante, yo sabía bien que mi carrera de medicina era lo más caro a pesar de que, durante el tiempo en que comencé a estudiar, los dos trabajaban y todo era más solvente; pero después, ni ella, ni yo sabíamos que papá bebía. La abuela murió en medio de mi especialidad y papá a raíz de esa pérdida, tan inesperada, se dejó caer tan bajo en ese vicio. Sin embargo, mamá le tuvo la mayor de las paciencias. Ella siempre trató de que yo lograra terminar la universidad a como de lugar y eso, era solo cuestión de tiempo…

Por fin había llegado a mi destino, luego de haber caminado un poco por esa gran ciudad. Me detuve frente a un portón de hierro, pintado en negro y cerrado con candado, donde un muro, muy alto, rodeaba al margen del solar. Había tocado el timbre, ya dos veces, y esperaba impaciente. Estaba completamente invadida por los nervios traicioneros, que en ese momento crecían más y más. En el momento en que ya había decidido tocar por tercera vez, salió una señora que, más bien, parecía una joven muy cuidada. Su saludo fue amable y corto, por lo cual le respondí en la misma tonalidad. Luego de eso, se limitó a preguntar.

—¿Si? —preguntó una voz, era suave y delicada, por lo que suspiré tan profundo para poder dar una respuesta.

—Vengo a la entrévista para el trabajo —acoté.

—¡Oh!, ¡sí!, pasa, eres la primera.

Me alegre de serlo, pues también quería dar buena impresión. Pasé hasta el porche de la casa, donde previo a este, se encontraba la decoración del jardín, que más parecía un pequeño bosque con árboles sembrados y palmeras rodeando un enorme y viejo árbol de magnolio, el cual se veía bello desde ese ángulo, en la parte derecha de la casa.

—¿Traes tu currículo? —preguntó, mientras se acomodaba en una silla de hierro pintada de color blanco.

—¡Sí! —contesté, dándoselo en un folder azul, bien ordenado.

La casa estaba pintada de verde menta, lo cual la hacía verse sencilla a simple vista. Había un juego de sillas de hierro y en el centro, una mesa formaba parte del porche y con esta, muchas plantas en maseteros de barro, color café oscuro.

—Mi nombre es Jessy Oliva —dijo de súbito.

La observé bien mientras devolvía la mirada hacia el fólder. Su piel era canela y se veía muy tersa; su cabellera era semi larga, muy negra y lisa por tratamientos de belleza de alguna estética; sus uñas eran largas y estaban decoradas y barnizadas en un tono rosa. Entonces, se puso de pie y luego me indicó que la siguiera. Con un tono jovial, me mostró la casa, que aunque era pequeña, estaba muy bien decorada con un sinfín de lujos por todos lados. Era impresionante ver como esa sencilla casa albergaba tanto lujo y belleza. En pocas palabras, era la casa soñada: las paredes de la sala, estaban pintadas de beige; la sala, como todas, constaba de un juego de muebles verde menta, muy a la moda; asimismo, el espacio mencionado contaba con un centro de sala de vidrio con rosas naturales colocadas en un florero. Pasamos, entonces, por un pasillo pintado de rosa, con unos dos o tres cuadros en sus paredes.

—Esta será tu recámara —dijo al fin, abriendo una puerta ligeramente pintada y barnizada de color caoba.

En la habitación, se encontraba una cama matrimonial, un tocador y un clóset; donde junto a este, había un cuarto de baño, en el cual, había dejado mis pocas pertenencias. Aquello para que, entonces, me pueda explicar lo que había que hacer diariamente en la casa para ella. Entonces, se dirigió a mí, cuando la tuve en frente.

—Muy bien Dra. Mary Alejandra Hernández Oliva —mencionó—. Veo que llevas Oliva como apellido, el mismo que yo, solo que yo lo llevo de principal y tú en segundo lugar, lo cual no me sorprende pues ese apellido es muy común, existen muchos Oliva en el país, ¿no?

Asentí y sonreí un poco. Ella vestía un buzo gris y sus pies eran cubiertos por unos tenis de muy buena marca. Sus ojos negros, recorrieron mi cuerpo de pies a cabeza. De esa manera, sentí como iba escudriñándome, poco a poco, pero no dijo nada y solo asintió. Luego, se sentó en unos de los muebles de sala y me hizo una seña para que la imitara también yo.

—¿Estás bien joven sabes?, creo que eres perfecta para el trabajo, pues tienes 23 años y me sorprende que ya tengas una especialidad, así que creo que estas en el lugar indicado —me dijo—. Al principio te quería para mí, pero te daré otro trabajo y no aquí; de todas formas, quiero que sigas viviendo conmigo, pues en eso sí te necesito más como compañera y quizás, lleguemos a ser muy buenas amigas porque me caes muy bien.

—¿No comprendo? —pregunté con una sonrisa muy tranquila y es que en realidad, no se había explicado bien.

—Bueno, lo que pasa es que mi plan era que te quedaras como empleada de mi compañía, como mi nutrióloga… Pero eres doctora y tengo algunos gimnasios con mi hermana que tú puedes visitar unas tres veces por semana para dar un plan nutricional a nuestros clientes, pues creo que será algo innovador aquí en la ciudad —me comentó—. Sin embargo, también quiero que estés aquí, viviendo conmigo, porque yo lo que buscaba era compañía para no vivir tan sola y ya sabes, aquí no hay trabajo, pues yo mando a limpiar la casa una vez por semana, pero sí me ayudarías en la comida para que comamos algo sano porque eso sí, yo no cocino, no lo hago bien, todo se me quema; entonces, vives conmigo y trabajas conmigo y en el gimnasio, ¿qué dices?

Mientras ella esperaba mi respuesta, yo por mi parte, me sentía con suerte, así que aceptaría sin pensarlo mucho porque aunque aceptara solo los gimnasios, no tenía donde quedarme y no quería buscar un apartamento y luego vivir yo sola. No me costaba nada tener fruta picada en el refrigerador y cocinar un poco, por lo que le contesté.

—Acepto, me gusta la idea —dije—. Solo que creo que hay un problema, pues estoy tratando de sacar una licenciatura en ciencias naturales de la educación a distancia en la universidad pedagógica; es aquí, pero es cada 15 días, los fines de semana.

—Bueno, te felicito porque parece que te gusta lo de estudiar y está bien —mencionó—. No hay problema, pues como tú ya lo dijiste, es cada 15 días aquí, en la Ceiba y son solo fines de semana, eso no nos afecta en nada.

Realmente era mi suerte o ella estaba siendo muy buena conmigo. Pero eso me gustaba mucho, le caía muy bien. Al parecer mi trabajo había cambiado para buen rumbo y eso me mantenía más tranquila. No obstante, al principio pensé que no sería más que una simple dama de compañía, lo cual en estos tiempos es algo muy raro, pues eso de dama de compañía solo se daba en la época antigua y por eso, lo había dejado como una última opción. Por otra parte, como doctora, lo que antes pedían era una buena experiencia en alguna clínica privada y en una pública, aparte de exigirme otros requisitos que no llenaba. Entonces, ¿qué podía hacer? Apenas me había graduado el año pasado y el trabajo era algo urgente. Mamá ya había dejado el segundo empleo y requería de mi ayuda económicamente para salir adelante, ahora que papá ya había optado por un cambio más radical.

Ella continúo mostrándome la hermosa casa, con la fiel convicción de que yo sería como una compañera a la cual le rentaba un cuarto o, bien una amiga. Me indicó más o menos cuáles eran las frutas que comía y los días que iba al supermercado de compras, además, me dijo que le gustaba comer sano y que nunca almorzaba en casa. Por otra parte, mencionó que vivía sola desde hace un año y que aún no se había casado porque no había encontrado el amor de su vida. Asimismo, que la única visita que recibía era la de sus sobrinos y de vez en cuando, por la presencia de su hermana mayor. Cada que decía algo, sonreía muy amigable. Jessy Oliva me había caído muy bien. La manera en que me recibió y las atenciones que me brindó, a pesar de haber sido una desconocida, me impresionó mucho. «Todavía existen personas amables y confiadas en este mundo», pensé, pues ella era un ejemplo vivo del caso.

—¿Tienes más equipaje? —me preguntó.

—¡Sí!, en un hotel de aquí —respondí—. ¿Me dejaría ir por ello?

—De hecho, sí, yo te llevo y no me tratés de usted —mencionó—. Dime "tú", pues es más casual y además, eres toda una doctora, lo cual nos hace más iguales.

Por mi parte, asentí más tranquila. Me llevó al hotel donde me había quedado solo un día, sin muchas palabras. Luego, nos volvimos de regreso y me recosté un rato mientras ella iba de visita donde su hermana. Di mil gracias a Dios por aquel empleo, que tanto nos hacía falta en casa, pues de aquí en adelante todo cambiaria tanto para mi familia, como para mí. La meta era cuidar esto y con el tiempo, una mejora entonces vendría. Siempre pensaba con optimismo ante todo.

La paz que respiraba en aquella casa era agradable y reconfortante; no obstante, no dejaba de sentirme extraña después de todo lo que estaba viviendo. Ya era tarde, Jessy había vuelto y se había retirado. Por mi parte, yo me dedicaba a terminar una tarea que tenía de la universidad a distancia, ya que ese fin de semana me correspondía asistir a la última clase del periodo y era entonces, cuando más trabajo me dejaban. Así pues, me encontraba ahí analizando un problema de química avanzada para las clases de ese fin. Como era costumbre para mí, a la hora de leer o realizar alguna tarea me sumergía en un mundo completamente antagónico, en cada historia, en cada libro y eso me hacía más fácil la vida; analizaba con mayor rapidez y resolvía cualquier ejercicio con un mínimo de error. Además de mencionar que la lectura me apasionaba en gran cantidad, el calor era desesperante, pero no un obstáculo para que no realizara mi tarea.

—¿Alejandra? —me dijo.

—¿Si?, dígame Jessy —respondí y mi concentración se interrumpió.

—¿Cómo vas con tus tareas?, ¿te falta mucho? —preguntó ella, que vestía ropa de dormir y se encontraba de pie frente a mí— Tengo un pequeño problema y quiero saber si me puedes ayudar.

—Usted dirá —contesté—. Mis tareas van bien aunque ahorita no creo que pueda terminar, pero yo le ayudo, ¿dígame usted?

—Veras— dijo acomodándose en una de las sillas de comer—. Mi hermana acaba de llamarme al celular y me dijo que uno de mis sobrinos, el menor, no ha llegado a casa y yo le dije estaba aquí, lo cual no es cierto, pues él está en una disco con su novia y no sé si podrías recibirlo cuando entré; él anda sin sus llaves y yo me acabo de tomar dos pastillas para dormir, no creo despertarme aunque quiera, así que podrías ayudarme… Está claro que de haberlo sabido no me hubiese tomado estas pastillas que me mandan a dormir como un roble— concluyó y sonrió, con una mirada de interrogante, esperó.

—Claro que puedo esperarlo —respondí—. No hay problema por eso.

—Bueno, ¡gracias!, entonces ya no te atraso —me dijo antes de irse—. Si tienes sueño, no te desveles por esperarlo, pues él estará bien, solo cerciórate que llegue por favor, buenas noches.

—¡Buenas noches! —contesté.

Pronto inicié con mis tareas nuevamente, pero ya con menos concentración y con más sueño. El tiempo transcurría y la una de la mañana se aproximaba. Sin saber cómo, me quede dormida. Fue inevitable y profundo, aunque incómodo. Incorporé la cabeza sobre mis brazos en la mesa y las luces habían quedado encendidas. Me encontraba sumergida entré las cortinas de la oscuridad profunda del descanso placido y es que luego de estar leyendo y resolviendo problemas, lo único que da es sueño a cualquier hora que se inicie con una tarea. Ya sé que esa frase es de haragana, pero hasta el más inteligente se rinde ante el sueño y qué mejor cuando se está fatigada de caminar.

Me desperté de un susto y oí la puerta principal abrirse. Entonces, me dirigí por un pasillo hasta la sala pensando que era el sobrino de Jessy. Por cada interruptor al que pasaba, este lo iba desactivando; en otras palabras, iba apagando cada luz encendida. Al llegar a la amplia sala me topé con un hombre tumbándose de la borrachera que traía. La sorpresa me había dejado helada sin saber qué hacer. Tenía la ropa hecha un completo desorden. Me miraba con tristeza y se tambaleaba de un lado a otro, sonrió e intento ponerse serio pero el impulso fue inútil.

—Ups… Je… Je… Hola princesita— dijo con tono poco entendible mientras me observaba de pie a cabeza con sus ojos azules que eran penetrantes; aunque estaba borracho, intentó pasar su mano grande y blanca por sus cabellos rubios y lacios, dando un paso al frente con dificultad e intentando mantenerse quieto; no obstante, sus pies no obedecían a su poca razón de control.

—Háblame, pues —gritó—. ¡Ay no!, no me digas que te comieron la lengua mis amigos, los ratoncitos… Je, je, je… ¿Si que son traviesos verdad?

Yo sonreí, pues había causado gracia lo dicho anteriormente; además de ver cómo se tambaleaba de un lado a otro.

—Realmente es guapo —me dije entré suspiros y él no parecía escucharme—, pero inmaduro.

Me acerqué más a él, tomé de su brazo y lo pasé por mi cuello. Su cuerpo pesado casi cae encima de mí. En varios intentos, lo llevé hasta el sofá principal, donde no hizo más que quedarse dormido. Le quité los zapatos y coloqué sus manos en su estómago. Se veía tan inofensivo y tranquilo.

—Este debe ser un niño de papi y mami, consentido y poco tensionado —exclamé casi en voz alta—. ¡Pobre inmaduro!

Sin embargo, no se podía negar era guapo, su nariz era casi perfecta, cerca de eso labios rojos en forma de corazón. Su piel era pálida y poco bronceada, pero sus mejillas hacían la diferencia ya que debido al alcohol se veían más rosaditas. Además, el espesor de sus cejas le hacían verse más atractivo. Volví en mí, casi grotescamente y me dirigí a la cocina. Ya eran las cinco y media de la mañana. El sol comenzaba ya su ardua tarea de iluminar la tierra. Abrí el refrigerador para preparar alguna ensalada de frutas y comencé a preparar un café fuerte, para el enfermo.

—Buenos días —escuché y me di la vuelta—. ¿Ya picó la fruta?

—Ya, ¿qué haremos hoy? —pregunté.

—Bueno primero quisiera saber —mencionó—. ¿A qué hora llegó Javier?

—Bueno, hace un poco más de media hora y creo se le pasaron las copas porque está bien borracho.

—¿En serio? —preguntó sorprendida—. Él casi no toma y solo eso me faltaba, ¿qué crees que podemos hacer para que mi hermana no lo vea así?

—Bueno yo creo que necesita un poco de café y un buen baño.

—Bueno lo del baño no lo creo, pero lo del café me parece bien —respondió—. Lo dejaremos dormir, pues hoy iremos a conocer unos de los gimnasios de la familia. Por otra parte, no empezarás hoy, sino el lunes y ya mi hermana está de acuerdo… Creo que le caerás bien cuando la conozcas, ella es más seria que yo, pero es buena persona.

—Muy bien —dije mientras ella se servía fruta, para luego servirme a mí.

—Bueno, creo que darle el café a Javier va a ser un problema —mencionó—. A él no le gusta el café, pero te encargo la tarea mientras me baño y me visto. Te dejo.

La vi marcharse en dirección a su recámara. Seguido de ello, preparé el café más fuerte que había preparado en mi vida, me postré ante él, coloqué la tasa sobre la mesita, pero aun dormía. La única forma de darle el café era despertándolo, así que comencé…

—¡Buenos días! —le dije suave pero no respondía—. ¡Hey despierta!

—¡Ah!, ¡eres tu linda! —dijo luego de que se asustara y se incorporara en el sofá entré dormido y despierto.

Él abrió más sus ojos azules, ahora pálidos. Era triste ver a alguien metido en ese vicio o quién sabe que le habría pasado o por qué la novia había permitido que tomara de esa manera.

—Tómate esto —le dije dándole la taza de café, pero la rechazó.

—Hay linda… Yo no tomo café, pero serias tan amable de ayudarme con este dolor que dejaron en mi corazón dándome algo para olvidar— mencionó mientras se llevaba la mano al pecho.

Pude observar, entonces, que los hombres cuando toman se vuelven más cursis que cualquier mujer sobria. Aunque su borrachera era evidente hablaba con mucha educación y tranquilidad.

—¿Entonces si te hicieron algo no? —dije, mientras sus ojos se volvieron llorosos y pronto rodaron dos lágrimas por sus mejillas y su rostro, pero aún continuaba serio.

—¿Sabes cuántas mujeres me han roto el corazón? —preguntó—. No, no lo diré porque tú eres mujer y no me darás la razón pero sí te preguntare algo más… Dime, ¿está cargado el café?

—Mmm, sí, te lo cargué mucho, pero lo tienes que tomar de un solo trago.

—De acuerdo —dijo e inmediatamente lo tomó de un solo sorbo, su gesto agrio y amargo, fue lo más cómico.

—¿Eres una pilla verdad? —preguntó—. Y dime bandida, ¿qué harás conmigo ahora?

—Bueno pues, dice tu tía que tienes tu otra recámara aquí —le indiqué—. Así que te llevaré arriba y dormirás hasta que te vuelvas a despertar.

Llevarlo hasta la recámara fue más fácil. Él se recostó sin problemas, no como mi padre; quien sí daba problemas, podía oír sus gritos llenos de ira y lamentación contra sí mismo. Ver a Javier así me hacía recordar momentos amargos de mi vida, lo cual era un suplicio, pues no soportaba la idea de aceptar que mi padre dependiera de ese líquido tan agrio, sucio y además de eso, mortal. Ese problema hacía infeliz a mi madre. Ella tuvo que Luchar con él desde hace algunos años para que hasta ahora estuviera dando algunos resultados en el centro de rehabilitación para alcohólicos.

El día había transcurrido en compañía de Jessy, quien me había llevado a conocer los tres gimnasios que pertenecían a su familia desde hace ya muchos años. Me explicó mi trabajo en ellos y además, un poco sobre su vida. Su compañía era grata y resumió su vida en sus tres hermanas, sus sobrinos y su trabajo. En cambio, yo no había comentado casi nada de mí y mi familia. En primer lugar, porque no la tenía en abundancia y en segundo, porque no sentía la confianza.

Una vez avanzada la tarde, regresamos a la casa. Jessy se había marchado a su recámara dispuesta a leer y yo con la fiel convicción, continúe mis deberes estudiantiles de la universidad nacional y no dejé de pensar en la descripción familiar que mi patrona había hecho sobre su familia. Según ella, en su familia eran tres hermanas muy unidas desde su niñez. La mayor era Yaneth Oliva, quien había estudiado magisterio en Trujillo Colón; allí, se enamoró de su compañero y mejor amigo, con quien sostuvo una relación amorosa por algunos meses. El siguiente año, Jully, la segunda hermana de ella, ingresó a la misma escuela, se enamoró del ex de su hermana y él de ella sin ninguna malicia, entonces le dieron rienda suelta a lo que sería un problema entré hermanas pues Jully era diferente: más tierna, cariñosa y alegre, por lo cual eso lo enamoró. Dos años después de graduada Jully, todo salió a la luz. Claro que Yaneth había sido enviada a los Estados Unidos por sus padres con el fin de que el problema acabara de una vez, pero no fue así. Al regreso de esta, ya casada y embarazada, confrontó a ambos en el funeral de los padres, quienes murieron en un accidente de auto. Entonces, eso habría obligado a Jully y a su amado a huir de la ciudad, como dos fugitivos, sin decir nada, sin que nadie supiera nada y peor aún, Jully nunca había reclamado la herencia de sus padres. Herencia que Joey, el hijo mayor de Yaneth administraba y quien había procreado tres hijos con su esposo Alfredo. Joey estaba casado y tenía a Sofía, una bebé de un año. Él era todo un abogado y administrador de uno de los gimnasios. Armando el segundo, era psicólogo, tenía su propio consultorio y además, trabajaba unas horas diarias en el instituto, era todo un Don Juan. Finalmente, Javier era administrador de los otros dos gimnasios. En cuanto a ella, la última de las tres hermanas, aún no se casaba y más bien trataba de seguir su carrera luego de un par de años de retiro de la misma…

—Disfruto de lo bello de la soltería querida —dijo—. Mírame, me siento feliz, tengo un buen cuerpo, buena salud un trabajo y una buena aspiración, quiero viajar por el mundo a todas partes; para eso, me preparo como aeromoza, ya no quiero ser abogada de nadie, solo viajar y qué mejor así, ¿no lo crees?

Me sorprendió su vida. Además de ser una solterona a los 40 o por lo menos ya casi, no se amargaba con su vida y se daba los gustos que quería. No era una rica sin oficio ni beneficio y al parecer disfrutaba de la vida sencilla, así era ella: sencilla y amigable.

Mientras terminaba la última tarea de las clases del día siguiente, percibí un ruido desde la sala, así que me encaminé hacia ella para confirmar que todo estuviese en orden. Al llegar allá, me sorprendí de ver a Javier de pie, sostenido en el umbral de la puerta principal. Ahora se veía distinto de la primera y última vez que lo había visto.

—¡Hola Alejandra! —dijo mientras me saludaba con una gran sonrisa y esta vez, se le veía renovado y limpio, completamente seguro de sí mismo.

—¡Hola!, ¿cómo le va? —le pregunté y se quedó callado, observándome con sus ojos azules penetrantes, seguido de ello, introdujo su mano en la bolsa de su pantalón jean, que hacia juego con una muy bien planchada camisa roja completamente desfajado e indudablemente atractivo.

—¿Quieres que le avise a Jessy que estas aquí? —pregunté.

—¡Eh!, no, no, ¡espera! Primero quiero darte las gracias por lo de ahora en la mañana— dijo e inmediatamente hizo un gesto de gratitud para luego continuar, a la vez que se aproximaba hacia mí—. La verdad es que nunca me había puesto así. Gracias Alejandra.

—¡No, no! No tiene que dar las gracias, la verdad y aunque que no lo crea estoy un poco acostumbrada a esto —mencioné y se vinieron a mi mente las imágenes de mi padre en ese estado y nuestra lucha contra esa enfermedad

—¿Ah sí? Y dime, ¿por qué estas acostumbrada?

—Por mi padre, pues él toma y bueno, lo hacía y no tiene una idea lo que implica tener a alguien en ese estado a diario, es una enfermedad que destruye hogares y no solo eso, sino la economía y los lazos sociales —acoté—. Es triste y a causa de eso, mi madre ha sufrido mucho… Pero bueno, dime, ¿por qué razón tomaste tanto?

Caminó hasta quedar frente a mí. Pasó sus manos por su cabello rubio semi largo y dio unos pasos más para luego acomodarse en un sillón que se encontraba en la sala de estar.

—Mmm, te contaré que mi novia me dejo por otro tipo — dijo—. El cual, además de haber sido mi compañero de universidad, fue mi mejor amigo y eso es lo que más me duele.

—Lo siento— dije a quemarropa y vi una lágrima rodar por su mejilla y al mismo tiempo desaparecer en su mano, él me veía con una cara triste y agónica. Por mi parte, yo no sabía ni qué decir, me sentía un poco turbada e hice un esfuerzo para tratar de animarlo y me acerqué un poco para ello.

—¡Lo olvidarás!, lo sé, el tiempo lo cura todo y te aseguro que no vale la pena ni una lágrima y mucho menos, que te frustres en ese mal vicio como es el alcohol —mencioné—. Tranquilo, te aseguro que lo que necesitas es distraerte y hacer muchas cosas; bueno, le diré a Jessy que estas aquí.

Más tarde ambos conversaban y tomaban un jugo de zanahoria, mientras yo concluía mis deberes escolares. Sin embargo, mi concentración fue interrumpida por Jessy, que me llamaba con presión. Entonces me acerqué hasta donde se encontraban ellos y de pie ya en la sala, fijé mi vista en Javier, quien estaba taciturno y triste, observando su, aún, intacto vaso de jugo. Volví mi vista hacia Jessy, quien tenía el teléfono en la mano.

—Me avisaron que se murió la abuelita de una de mis mejores amigas, ¿me acompañas al velorio? —preguntó.

—¡Sí, claro! —dije.

—Bien, iré a vestirme que Javier nos llevará— mencionó y se dispuso hacia su recámara.

Mientras yo me dirigía a mi alcoba, Javier aún estaba en su trance. Quizás los acontecimientos lo tenían en ese estado. Lo de su novia y ahora lo de la abuela de la amiga de Jessy, parecía ser un ser sensible. No obstante, a mi regreso me dispuse a sacar a Javier de ese estado agónico en el que se encontraba. Jessy aún no llegaba, así que me senté en uno de los sillones frente a él e inicié la conversación con una simple pregunta.

—Y cuénteme, ¿en qué universidad se graduó?

Él volvió su rostro hacia a mí y contestó.

—Aquí en la Ceiba, cuando me correspondía ir a la universidad ya se habían abierto dos universidades aquí, así que me quede. Y ¿tú? —dijo y se incorporó muy bien en la conversación.

—En la capital —mencioné.

—Mmm, mira mi hermano Armando estudio allá —acotó—. Quizás lo conozcas.

—Bueno, sí conocí a un Armando Oliva —dije—. Pero no lo creo, pues el Armando que yo conocí alegó ser de Villa Briza, cerca de San Pedro Sula, asi que no lo creo.

Javier me había hecho recordar esa parte universitaria que me había costado trabajo superar.

—Aún no se ve muy animado que digamos Javier —le dije.

Él intentó sonreír pero los resultados fueron mínimos, entonces se puso de pie y caminó hacia mí.

—Pero no me tratés de usted, trátame de tú o de vos —dijo mientras se acercaba.

Me sonrojé un poco, pues me hizo sentir nerviosa.

—Bueno, yo… —quise responder pero fui interrumpida.

—Bueno nada, me gustaría ser tu amigo, pues eres muy inteligente y das muy buenos consejos —me dijo y su sonrisa ahora si se veía diferente—. Además, me caes bien.

—Gracias, también me caes muy bien y me alegra tener un amigo más en esta ciudad —respondí.

Ambos sonreíamos y entonces, observé muy bien, en ese momento, sus ojos azules, como el azul profundo del mar en constante cambio. Mil cosas pasaron por mi mente en ese instante, porque aunque estuviese pasado de peso, parecía sacado de una revista del medio artístico pues su mirada era sagaz y seria, pero con un fascinante toque de ternura.

—¿En qué piensas que te has quedado callada? —me dijo Javier y me hizo volver en mí con su voz suave, que penetró en mis oídos y me pareció como un hermoso susurro.

Entonces, me di cuenta que me atraía a simple vista. Sabía qué tenía que contestar a su interrogante y aunque mi cerebro maquinaba, lo que sería mi respuesta no dejaba de fascinarme aunque no le estuviera mirando a los ojos.

—Bueno, es solo que pienso que mañana tengo clases y gracias a Dios, mis deberes ya están concluidos— dije y mi conversación con Javier concluyó cuando Jessy decidió aparecer.

Mientras íbamos en camino, mi mente no pudo dejar de pensar en ese Armando que conocí en esa época de mi vida, quien había sido mi mejor amigo, hasta que se le metió en la cabeza estar enamorado de mí para que luego, entré confesiones y discusiones todo acabara en una buena amistad.

Capítulo N° 2

La briza que traía el mes de marzo era triste, fría, escalofriante y llena de dolor, como lo fue esa noche en la que asistíamos a ese velorio. Una noche que me remontó a la triste escena de cuando mi abuelita falleció, con tan solo tres personas en vela. Ese día no era diferente, se le parecía mucho, pues solo se encontraban las dos doctoras, amigas de Jessy. Por supuesto, el féretro ocupaba media sala de la funeraria. Después de darle el pésame, Jessy nos presentó a los demás que se encontraban ahí. Entonces ahí estaba yo, en compañía de Patricia Zelaya y Lucila Acuña, cuyo saludo no fue muy cordial, ya que el ambiente que reinaba era un poco espectral.

El sufrimiento de Paty revivía en mí el dolor de mi abuelita paterna. La señora yacía en aquel cajón de cuatro tablas pintadas en color negro. Sus manos estaban posadas sobre su estómago, llevaba un vestido blanco y sus ojos yacían cerrados para dar un toque de alucinación a aquella cruda realidad. Paty gemía con dolor, veía a su abuelita y las lágrimas rodaban por sus mejillas. Su dolor era sincero y desesperado. Sin embargo, no había dramas, ni gritos y menos reproches. A su lado se encontraba Lucy, amiga y compañera, quien estaba también identificada con el dolor de su amiga, pues Doña Elena; según Jessy, había sido como una madre para ellas por sus consejos y precauciones, que eran siempre algo acertado. Entonces, Jessy se acercó hasta donde estaba yo, en compañía de Javier.

—Alejandra —dijo en vos baja—. Tú y Javier vuelvan a la casa que ya es tardísimo… Yo me quedaré con ellas.

—De acuerdo —respondí.

Luego de despedirnos, Javier condujo hasta la casa de Jessy. Mientras él conducía, afirmaba que su hermano, Armando, decía conocerme.

—Es muy raro, pues el Armando que yo conocí era de San Pedro Sula y no de La Ceiba —mencioné.

—Tal vez mintió, ¿no te parece? —me dijo.

—Quizás, pero qué sentido tendría si era supuestamente mi mejor amigo, digo nos llevábamos bien —respondí—. Sería una pena que me haya mentido.

—Bueno, quizás cuando conozcas a mi hermano te darás cuenta si es o no es.

—Bueno, sí.

El auto conducido por Javier avanzó por la Avenida Catorce de Julio hasta llegar a la colonia El Naranjal. Luego de dejar el auto en el garaje, entramos a la casa.

—¿Estará Carlos aquí? —se preguntó Javier en voz alta y un tanto sorprendido.

En efecto había un hombre de pie en la sala, se veía sereno y pasivo.

—¡Hey!, te vez desvelado —Mencionó Javier— ¿Fuiste a alguna disco?

—¡Mmm!, sí, digamos que sí… Solo a cenar a un nuevo restaurante y luego a una disco que hay por ahí —dijo el hombre— Pero no perdí el tiempo allí, tuve una emergencia en el hospital y ya sabes cómo es eso.

El individuo se acomodó en uno de los sillones de la sala. No obstante, al verme se puso de nuevo de pie y se aproximó a nosotros. Javier me lo presentó, entonces, como primo suyo. Su nombre era Carlos Lozano Owen.

—Bueno Alejandra, mucho gusto —me dijo— Yo pasaré por donde Paty un rato y luego me iré a dormir.

Nos despedimos y él se marchó. Mientras tanto, también yo me fui a descansar pues me sentía cansada. Después de activar la alarma de mi reloj despertador, profundicé en mi reparador sueño sin darme cuenta, para abrirle paso a ese sábado que había comenzado con ese entierro.

Soñé mucho y en mis sueños, vi a mi abuela muy alegre consolándome. Sus cabellos tenían algunas canas y ella se encontraba con un vestido largo y blanco. Luego, la escena dio paso a un terrorífico momento, pues ahora yo la observaba en su ataúd y me veía sollozar, junto a papá y mamá a su alrededor de ese tan humilde cajón de cuatro tablas, color marrón. Me sucumbió tan profundo dolor, que me tardaba cada vez que recordaba esa escena o la soñaba como en esa ocasión. Quizás el velorio de la abuela de Paty me hizo soñar con mi amada abuela esa noche.

Eran las ocho de la mañana y el día estaba soleado y muy caluroso, lo cual era algo típico en aquella hermosa ciudad. Muy temprano había salido de casa de Jessy, para poder reunirme con unas compañeras en el gran hotel frente al parque, donde muchos alumnos se hospedaban allí para poder asistir a clases. Había llegado a ese lugar muy agotada por el calor y como mis compañeras no habían salido aún de su recámara, decidí ir hasta allá para despertarlas y comenzar rápido, ya que ese mismo día nos tocaba entrégar una tarea por la tarde.

Subí con lentitud las gradas hasta el tercer piso. Luego, pasé por tres puertas y doblé en un pasillo a la izquierda hasta llegar a la recámara 328 y toqué tres veces la puerta. Mientras estas abrían, decidí ver el panorma en la terraza, que daba frente a la piscina. Desde ahí, pude ver un grupo de niños bañándose en la piscina y revoloteándose en las frescas aguas que, a simple vista, me causaban envidia por no estar en ellas. Se encontraban jugando con una pelota amarilla de rayas blancas, la lanzaban de un lado a otro. Además de los niños, se podía ver, también, a un par de turistas que por su apariencia física parecían ser norteamericanos; se trataba de una pareja disfrutando del armonioso sol que les bronceaba. De pronto, volví a tocar la puerta de la recámara de mis compañeras y esta vez, ellas sí me contestaron diciendo: —Alex aguarda, ya vamos.

Mientras tanto, decidí divisar mejor el panorama, así que me desplacé a lo largo de la terraza. A pesar de que me sentí observada, comencé a buscar en los alrededores de la piscina, donde había muchos grupos de personas en plena conversación, quizás parejas y hasta amigos en reunión, disfrutando de ese ambiente tranquilo. Entré esos grupos se encontraba uno de seis individuos conversando, muy divertidamente, sentados bajo la sombra de un paraguas sostenido por una mesa y sobre esta, se hallaban muchas bebidas. Parecía que llevaban mucho tiempo ahí por la cantidad de botellas y vasos. Sin embargo, mi atención se centró en la persona que me observaba. Fijé mi vista en él y sentí lo fuerte de sus ojos a tal grado de sentirme casi desnuda por la manera en la que me escudriñaba a tal distancia. Me sonrió y yo le contesté de la misma forma. Se encontraba en un sillón de plástico blanco, tomando el sol y tenía una calzoneta puesta, cuyo tono era rojo y la orilla, negra. Me di una media vuelta, deseando no volver a verle; sin embargo, no me contuve y volví otra vez. Entonces, el aún me veía, pero ahora más serio. Aprecié su ejercitado cuerpo semi desnudo y muy velludo, que además, se encontraba bronceado por los rallos del sol.

—¿Alex?, ¡Aleeex! —gritaban mis compañeras una y otra vez, por lo que me dieron un golpe de susto.

—¿Eh? Sí, sí, ¿pasa algo? —respondí.

—¡Que ya estamos listas! —dijeron y salieron del cuarto dos chicas esbeltas y más altas que yo.

—De acuerdo, pero antes necesito ir al baño —dije.

Me cedieron el paso a la recámara y entré al baño. Mojé mi rostro y sentí el frío del agua. Luego, vi mi rostro reflejado en el espejo, observé mis grandes ojos, color café claros y mis labios rojos y delgados, pues no usaba ningún tipo de maquillaje. Pensé, entonces, mucho en aquel hombre y en mil formas de volver a verlo, me sentía magnetizada. Mis compañeras, por su parte, querían reunirse en cualquier lugar menos en la piscina del hotel, donde yo deseaba ver de cerca a ese desconocido que había llamado mi atención. «¿Será amor a primera vista? o quizás solo curiosidad», me dije a mí misma. No era experta en eso del amor, pues solo había tenido un novio y había sido en la universidad. Cuando por fin me decidí a salir de la recámara, volví con mis compañeras a insistirles en quedarnos trabajando ahí mismo.

—Está bien —dijo una de ellas—. Quedémonos aquí.

De esa manera, nos ubicamos en una de las mesas que sostenían un paraguas para dar sombra. Estábamos frente a la piscina, en el lado sur de esta. Comenzamos, entonces, a trabajar muy tranquilas. No obstante, yo no lograba concentrarme en mis labores escolares, pues mi atención se desviaba a unos pasos del lugar en el mismo lado y lo que era peor, una enorme planta yacía como decorativo entre las dos mesas. Por tal motivo, no lograba verlo. Con pocas ganas, me concentré junto con mis amigas y más tarde la tarea ya estaba terminada, pues era poco lo que había que hacer: la tabulación de unos datos y unas gráficas de barra en la computadora, nada imposible o difícil de resolver ni mucho menos, que tomara tanto tiempo. De pronto, ya nos íbamos, cuando alguien pasó por nuestro sitio.

—¡Hola! —dijo una voz.

Volví mi vista hacia esa persona y me sorprendí de ver lo extraño que fue que pasara por aquí con una alegre sonrisa en sus labios, pues se dirigía hacia el bar. Ninguna de nosotras habíamos contestado a su saludo, pero yo ahora sí lo había visto más de cerca. Sus ojos eran grandes y grises, su nariz puntiaguda y su rostro alegre, con esa sonrisa fresca que pude divisar a tan cortos pasos de mí. Se veía sexy y algo mayor, pero guapo y mucho. En el momento en que nos dio la espalda, pude notar un tatuaje en la parte alta de su hombro izquierdo y otro más pequeño en el tobillo del pie derecho. Sin duda, ese desconocido me atraía mucho. Creo que más de alguna vez nos pasa a todas que nos llame la atención alguien así, tan solo a simple vista y no es que esté justificando mi pesadez, pero en teoría era lo que ocurría. No obstante, obviamente tenía que olvidar de inmediato al tipo, pues estaba segura de que no lo volvería a ver, debido a que era turista, con afirmación y quizás proveniente de Canadá, Norte América o peor aún, Europa. ¡Qué trágica!

Mis compañeras y yo salimos del hotel, pues se había hecho un poco tarde para llegar a tutoría y, por ende, al examen. Por mi parte, me urgía que se terminara ese día, pues había sido agotador hasta ese entonces. Por otro lado, sabía que saldría al final del día con tremendo dolor de cabeza, pues siempre me daba al final de cada sábado agotador que llevaba cuando iba a la universidad. Quizás por la presión de una clase por tres horas, que no era algo gratificante; de hecho, era algo estresante el tener que buscar las aulas y correr hasta ellas porque el edificio era inmenso.

Mi madre, por su parte, me había dado unas pastillas junto a mil consejos para mi traslado a la ciudad. Ella nunca había estado de acuerdo con que saliera de casa a trabajar, ni tampoco con la carrera que había escogido. Sin embargo, yo vivía diciéndole que antes de nutrióloga, era un médico a nivel general; por ello, podría situarme de esa forma y lo hice. A partir del último concepto que mencioné, fue de lo que busqué trabajo primero al llegar a La Ceiba, pero los hospitales públicos necesitaban experiencia y además, recomendación, de lo cual yo carecía. No obstante, ella más que nadie sabía que yo necesitaba independizarme. El único que no estaba de acuerdo con mi decisión era mi padre, pero él no es que se encontraba muy bien pues lo asistían en la sociedad anónima del lugar, y eso ya era suficiente.

Ya sabía de sobra que si me quedaba en la casa de mi mamá seguiría con el reproche del tipo de carrera que había escogido, pues su pensar con respecto a ello era que había sido una gran pérdida de tiempo y de dinero. Ante ello, yo le respondía que muchos chavos desearían estudiar medicina y que por falta de apoyo de sus padres, no lo hacían. Además era lo que a mí me gustaba y en casa se respetaba esa decisión por los únicos tres miembros de familia que habían en el hogar. Para mi madre solo su carrera y la continuación, eran lo mejor y claro como no; en eso no necesitaba enfrentarme al mundo, pues me podía quedar en el pueblo junto a ellos, amargada y sin haber visto otras cosas, otras opciones que la vida ofrece. Si existía la oportunidad, aunque tropezara estaba dispuesta a correr los riesgos que había en el camino, pero era mi destino el que yo misma buscaba. Si este no era el que esperaba, pues Dios se encargaría de ubicarme con ellos de nuevo o donde sea que deba de estar.

Capítulo N° 3

Una semana había trascurrido y todo parecía marchar bien, pues ya me había adecuado a trabajar en los gimnasios. Claro que había comenzado en el mayor de ellos, propiedad de Janeth, la hermana mayor de Jessy. Ella al verme, por primera vez, había quedado impresionada con mis rasgos físicos. Se empalideció mucho, lo cual me pareció muy extraño. Aunque su esposo Alfredo la excusara diciendo que me parecía a una vieja amiga, proveniente del extranjero, me pareció un tanto halagador porque adjuntó que la amiga era muy bella y que la extrañaba. Eso me tranquilizó, pues después de todo, dicen que hay siete caras parecidas en el mundo y yo no era de misterios, ni de buscarlo tampoco. Los padres de Javier se veían muy serios. Asimismo, ahora entendía porque él tenía los ojos azules, pues su padre los tenía del mismo color. Su simple apariencia denotaba que no era del país y menos que fue criado aquí mismo. Él era de complexión robusta, de semblante áspero y muy educado. Por el contrario, Janeth era una señora de cuerpo esbelto y cabello crespo negro, el cual le llegaba hasta los hombros. Su estatura mediana era todo lo contrario a la de su esposo.

Entonces, sacudí mi cabeza, haciendo que la trenza que llevaba recogida en mi cabello castaño claro, se moviera para apaciguar el calor que me invadía después de tan larga jornada de trabajo. Me encontraba así, en la sala de la casa de Jessy, leyendo un libro de nutrición para matar el tiempo, pues cada cierto tiempo me gustaba actualizarme en lo que respectaba a mi carrera. Me encantaba lo que había escogido para la vida, mi vida. Mi preparación daba como resultado que yo pueda ayudar a la gente a bajar de peso y hacerla sentir bien, pues hoy en día, hay tantas mujeres que son rechazadas por del estereotipo de la mujer delgada y bien torneada, frente a la realidad de la situación actual de la mujer robusta o quizás, sobrealimentadas. Aparte de tratar la alimentación, me ocupaba también de la autoestima y pues claro, ayudarlas a que se preparen para ser mejores luchadoras a diariro y a alcanzar lo que se propusieran, debido a que, una persona que está bien con su estado físico es capaz de lograr lo que quiera. Media hora después de introducirme en la lectura de mi enciclopedia, sentí la presencia de la loción de Javier. Dirigí mi vista hacia la puerta principal para verle con la mano derecha en el bolsillo de su pantalón de mezclilla y recostado en el umbral de la puerta con la sonrisa amigable de siempre. Entonces me saludó.

—¡Hola Alex! —me dijo— ¿Cómo estás?

—¡Hola Javier!, estoy muy bien y, ¿tú? —le respondí mientras caminaba hacia el sofá de la sala y le ofrecí algo de tomar dándole el repertorio de las bebidas que tenía en el refrigerador.

—Yo voy por él —me dijo—. No te preocupes.

Entonces, se alejó por el pasillo hacia la cocina. Mientras tanto, yo cerré mi libro y comencé a adentrar mis pensamientos en mi familia. La pregunta millonaria: ¿qué haría mamá en ese momento? y ¿cómo estaría papá? Yo sabía que estaban bien, pues ya me había encargado de conseguir información acerca de eso. Aunque los extrañaba, no dejaba de sentirme bien en aquella casa. La gentileza de Jessy hacía que me sintiera muy estable en la ciudad y en su propio hogar.

—¡Ajá! ¡Lo sabía! —dijo una voz— ¡Sabía que eras tú!

Devolví la mirada enseguida hacia la puerta y mi corazón dio un total vuelco al ver a mi viejo amigo, frente a mí y con una mega sonrisa de la sorpresa.

—¡¿Armando?! —exclamé enseguida de verle y poniéndome de pie, me acerqué para saludarlo con un beso en la mejilla.

—Pero ¿cómo estás? —preguntó él muy tranquilo.

—¿Eres tú verdad? —pregunté— ¿Armando Lozano?

—Sí flaca, soy yo y por supuesto, estaba seguro de que eras tú en cuanto me mencionaron tu nombre —mencionó—. Mírate, te ves bellísima.

Era él, pues su voz era inconfundible. Era el mismo Armando, con su figura alta, corpulento, moreno y su similar parecido a Jessy en el cabello negro y el tono de piel canela, que hacía juego con esos ojos, color almendra, que en la universidad volvían locas a las chicas.

—Te ves genial —volvió a expresar.

—Gracias Armando, tú también te vez súper bien —dije con más calma.

—Veo que ya se conocían entonces — dijo Javier y apareció con un vaso, cuyo contenido era jugo de toronja.

Entonces, los dos giramos la vista hacia él con una sonrisa.

—Dime algo, Alex —dijo dirigiéndose a mí—. ¿Te casaste con tu novio?

—No, no, todo termino luego de que él se graduara —respondí.

—¿Duraste tres años con él? Era súper mayor que tú, ¿verdad?

—Así es… —contesté un poco aturdida, pues observé a Javier quien ya estaba sentado.

Yo sabía que Antonio había sido mi primer amor y muy difícil de olvidar, pues era cuidadoso, amoroso y sobre todo, protector. Ahora ese espacio llenado un día por él, estaba vacío y lo había estado por mucho tiempo. Sin embargo, era un espacio que podía llenar Javier, claro, de forma artificial porque apenas nos conocíamos y nuestra amistad iba lenta y quizás era mejor así. Nunca estaba demás un buen amigo, que es mejor que un novio que tal vez dañe más adelante una buena relación y a la vez, podría ser más apacible.

—Bueno niños, yo ya me voy —dijo Armando—. Tengo una cita.

—Oye estoy molesta contigo, eres un mentiroso —le dije—. ¿No que eras de Villa Briza?

—Mmm, la verdad y para que no te molestes, sí —respondió—. Tenemos una finca allí, y dije que era de ese lugar porque un montón de chicas me podrían venir a visitar hasta acá y mamá me mataría.

—Sí, pero yo no andaba detrás de ti como las demás chicas — contesté—. Era tu mejor amiga.

—Lo siento… Si te decía eso te hubiera matado por saber mi secreto —dijo—. Bueno mi doctora favorita, espero que este encuentro haya sido muy bueno para los dos y ahora nos llevemos mejor que en aquel tiempo.

—Que te vaya bien Armando, no te recetes tanta mujer que esa medicina llega a ser muy dañina en exceso —le respondí sonriendo y él se marchó.

Ahora solo quedábamos Javier y yo en la sala, él con su vaso de jugo y yo con mi libro cerrado. Esperaba que él iniciara una conversación y no sabía de qué. Pasaron unos minutos hasta que dijo algo.

—¿Te puedo hacer una pregunta? —dijo dirigiéndose a mí.

—Sí, claro —respondí—. Dime.

—¿Qué ocurrió entré tú y mi hermano hace ocho años?

—Bueno, es una larga historia —le dije y lo invité a caminar por el jardín.

Estábamos uno a la par del otro, sintiendo el suave aroma de un gran árbol de magnolio sembrado en la casa de Jessy, sin decir una sola palabra. Javier Lozano Oliva se llevaba el vaso a la boca y con la otra mano en el bolsillo, esperaba una respuesta de mi parte a la interrogante que, minutos antes, me había hecho. La suave brisa jugó con sus cabellos dorados y rosaba mi rostro, haciéndome sentir libre como un pájaro que vuela entré árboles, aunque esa libertad fuese temporal y hasta imaginaria.

—Entonces, estoy esperando, digo, si es que quieres abordar el tema —volvió a preguntar de súbito mientras me veía, muy curioso por saber lo que había ocurrido casi nueve años atrás.

—Muy bien —dije y aspiré el sueve aire para luego continuar—.

***

Cuando me gradué de bachillerato, mi madre decidió complacer mi vocación y me envió a Tegucigalpa. Allí vivía con una amiga y una compañera de ella. En una semana, mis padres planearon mi salida hacia allá. Conocí a Armando al primer momento en que llegué. Me pareció tranquilo y pensé que sería un buen amigo. Además, fue mi guía las primeras semanas. Entonces, poco a poco, creció nuestra amistad, depositó toda su confianza en mí aunque él ya estaba por salir, pues su carrera era más corta. Por mi parte, yo aún comenzaba. Él era muy honesto conmigo, pues me contaba cada cosa que hacía, cada detalle de sus citas, sus métodos y demás. En una de esas salidas, fuimos a un partido de básquetbol en el que participaría y conocí a su amigo Antonio Ávila, este iba en tercer año de ingeniería en sistemas. Entonces, con tu hermano estudiando psicología; Antonio, estudiando sistemas; y yo pues, con la carrera de medicina, nos juntábamos a estudiar juntos aunque las carreras no tenían nada que ver la una con la otra. A pesar de ello, nos divertíamos mucho, cocinábamos juntos y la pasábamos muy bien los tres. Sin embargo, con Armando la amistad comenzó a deteriorarse cuando empezó la práctica, pues esta lo mantenía ocupado. Ya casi no se reunía con nosotros. Mientras tanto, Antonio y yo comenzamos lo que sería un noviazgo largo y bonito, pero de esto Armando aún no se enteraba y no creímos que le molestaría. No obstante, no fue así, pues un día cerca de que él se graduara, me invitó a salir, lo sentía nervioso y desesperado…

Confeso estar enamorado de mi.

—Te confieso Javier que, cuando Armando me dijo eso yo no me lo imaginaba y tampoco imaginaba su reacción cuando supiera que Antonio y yo estábamos juntos —le mencioné—. Lo elogié de muchas maneras y traté de entender lo que me decía; además de hacerle saber lo de Antonio y yo, le hice saber lo especial que era para nosotros y lo bien que la pasábamos solo como amigos, entré otras cosas más, pero él se molestó mucho y no dijo nada… No hizo falta, pues se notaba en su cara lo molesto que estaba. Entonces, él se alejó de nosotros. No nos hablaba, no asistía a las reuniones y poco a poco, la maravillosa y gran amistad se deterioró hasta que ya no quedó nada. A su graduación no asistí luego, pues mi papá empeoró con su vicio y se enfermó mucho, así que tuve que ir a mi pueblo y estar unos días con ellos.

—Vicio, ¿de qué? y ¿por qué? —preguntó Javier, interrumpiendo con el relato.

—Pues mi abuelita paterna murió hacia un par de años atrás y mi padre quiso enterrar su depresión en el alcohol, pero lo único que pasó fue que él se enfrascó en ese exterminador vicio; sin embargo, gracias a Dios salió de esa crisis y yo regresé a la universidad —le respondí—. Entonces, ya no volví a ver a tu hermano, pues la dirección y el teléfono que me había dado al parecer eran incorrectos. Él había dicho que era de Villa Briza y vivía en una finca de San Pedro Sula, a la cual lo fui a ver, pero allí estaba todo abandonado. Por otro lado, estaba Antonio, con quien me quise mucho, pues juntos pasamos muchos atavíos: la muerte de su madre, el rechazo de su padre y los problemas de mi familia. No obstante, al graduarme yo, todo terminó. Nuestra relación se perdió, él se graduó primero y mientras aplicaba a becas trabajaba en lo que podía para estar cerca de mí. Sin embargo, el día de mi graduación me dio la noticia de que había sido aceptado en una universidad de los Estados Unidos. Entonces acordamos que una relación basada en cartas y llamadas no tendría caso, así que nos dimos nuestro espacio. Logre olvidarlo, aunque no fue fácil y bueno Javier... Eso fue lo que pasó con tu hermano.

Javier colocó su vaso sobre la mesa y volvió a verme sonriente.

—Ahora entiendo tu nerviosismo... Temes por la reacción de mi hermano, ¿cierto? —me preguntó y yo asentí mirándole a los ojos para que luego él continúe—. Tranquila, sobre lo de Armando, pues es cierto y él no cambia o bueno, sí cambia, pero de novia cada vez que quiere.

Entonces se comenzó a reír y se acercó a mí, tomó mis manos y fijó su vista en la mía.

—Bueno, me impresioné al verlo de nuevo —dije para luego escapar de sus tiernas y grandes manos, pues sentí que mis nervios estallarían. El ritmo de mi corazón se aceleró y temí que él lo descubriera. Sin embargo, sentándome en unos de los sillones de la sala, pregunté por su hermano mayor, que aún no conocía.

—Bueno, te diré que es él más tranquilo —me contestó—. Es muy trabajador y claro, está casado, vive para su esposa e hija, ¿sabes en qué lo admiró?

—¿En qué? —pregunté enseguida.

—Se ve que es feliz y aunque ninguno de los dos nos parecemos ni física, ni emocionalmente, Joey se ve feliz y hasta ahora no conozco a nadie que viva la vida, tan a plenitud, como él —acotó.

—Bueno, debe ser porque se siente feliz, pues el amor, un buen trabajo y la familia dan esa sensación de felicidad, sobre todo cuando te gusta lo que haces, y ¿por qué dices que no se parecen?, son hermanos, algo han de tener en común —mencioné.

—Bueno la verdad es que no lo creo… Armando es liberado, muy vanidoso, amigable y a la vez me imagino que algo inseguro, pues cambia muy rápido de novia. Somos una extraña mescla de razas pues él es el alto, moreno y de complexión delgada; por su lado, Joey es más indio que nadie —mencionó riéndose a carcajadas—, además, también es muy alto y delgado, pero es así el más hogareño de los tres, pues le encanta encerrarse en su casa luego de trabajar; y yo por mi parte, no sé, me parezco más a papá solo que si como demás, tiendo a engordar, no tengo muchos amigos y…

—Mmm, también eres muy divertido y mi amigo, con el único que converso mucho —lo interrumpí espontáneamente pues estaba bajando el rostro.

—Gracias, lo que no entiendo es… ¿Por qué Gaby me cortó? —preguntó confuso—. Luego de dos años de noviazgo ya casi le iba a pedir que se casara conmigo, pero ella solo se alejó.

—Es una tonta, no sabe de lo que se perdió —le dije—. Lo que tienes que hacer es ya tratar de dejar todo eso atrás y continuar… El trabajo es muy buena terapia.

Entonces sonrió un poco y ambos nos vimos enfrascados en un silencio impaciente, así que traté de hacer conversación.

—Dale, cuéntame la historia de tu tía y tu mami — le mencioné, como una niña buena que espera a que le lean un cuento antes de dormir.

—Bueno Alex, esta es una historia un poco larga —dijo—. La tía Jessy me la contó porque mi mamá habla muy poco de eso… Verás, cuando mi mamá estaba en segundo año de su carrera de maestra, al inicio de ese año corto con su novio, el mismo año en que tía Jully comenzó con la misma carrera, ese novio se enamoró de ella y mamá no aceptó eso. En vacaciones de semana santa enviaron a mi madre a los Estados Unidos, pero ella ya vino embarazada de allá así que la dejaron continuar. Todo normal, pero ya con muchas condiciones. Según la tía Jessy, le hizo de cuadritos la vida a la tía Jully y a su supuesto novio. Sin embargo, entre diciembre y enero, mi mamá volvió al extranjero y Joey nació allá en esas vacaciones.

Como la riña seguía, a mi madre la cambiaron a una escuela en la Ciudad de Tela. Por su parte, los abuelos cuidaban del niño mientras mamá terminaba la carrera. Ellas casi no se veían, porque creo que los abuelos pensaban que podrían matarse y me dijo la tía Jessy que trataron de que ambas superaran lo ocurrido. No obstante, ninguna de las dos cedió. Luego, en un accidente los abuelos murieron y ambas volvieron a verse, pero lo más tonto fue que mamá ya estaba casada con papá, que desde un principio se hizo responsable. A pesar de ello, ella no soportaba ver a la tía Jully; por ello, esta última desapareció con el novio. No fue a la lectura del testamento y dice la tía Jessy que la última vez que la miró fue la navidad del año en que se graduó. Los abuelos dejaron un gimnasio a cada una de ellas. Joey administra, actualmente, el de tía Jully. Él guarda sus ganancias en el banco para ella, pero mamá dice que ya se olvidó todo y por más que la ha buscado, aún no la ha contactado. Mi madre ha cambiado mucho dos años después de haber nacido Joey, siguió Armando y otros dos años después, yo. La verdad es que me gustaría conocer a mi tía, pero bueno, creo que todos en la familia quieren lo mismo.

—Oye, disculpa que sea imprudente, pero... ¿Alfredo es el padre de los tres?

—Pues sí, los abuelos los obligaron a casarse —me dijo—. Tal vez mamá se entretuvo con mi padre por despecho y le salieron mal las cosas.

—Pero es que tu tía Jully se pasó —le mencioné—. El novio de la amiga no se toca y menos el de una hermana aunque ya se haya terminado todo, está en el código moral.

—Sabes que en el corazón no se manda y actualmente sucedió lo mismo con Gaby, que dice estar loca por Armando, pero este ni caso le hace —me comentó—. Parece una chiquilla, acechándolo y no voy a negarte que me molesté, pero cuando me di cuenta fue algo triste; sin embargo, en el corazón no se manda, ¿sabías que me dijo que andaba conmigo por estar cerca de él?, ¡me uso!

Entonces sentí como un baño de agua fría sobre mi cuerpo, ahora entendía por qué estaba más desilusionado que descorazonado.

—Lo siento Javier, de verdad no me imaginaba eso —le dije—. Pero no te entristezcas por eso, ella se ha equivocado y algún día se dará cuenta de ello.

—Sí, lo sé y me lo digo siempre pero ya… Dejémos ese tema y dime más bien —acotó—. ¿Cómo te sientes viviendo con Jessy?

—Es fácil, me encanta estar aquí pues me siento como en casa —respondí—. Nunca había experimentado vivir así, ella es como una compañera de casa y amiga; desayunamos fruta y cada una almuerza en su trabajo, asimismo, la cena se hace aquí y para aprender, me ayuda en lo que puede.

Él sonrió de manera amable y eso se veía bien, pero sabía que en el fondo sentía lo de su novia, pues no era fácil ser utilizado. No obstante, lo podía superar con el tiempo.

Capítulo N° 4

—No, no me digas —dijo—. ¿Hasta ahora lees ese bello libro?

—¡Hey!, hola Javier, ¿cómo estás? —respondí mientras él evocaba un gesto de tranquilidad—. Necesitaba verte, bueno ayer te marchaste luego de la cena y no me dio tiempo de nada.

—¿Tú dirás?

—Este libro ya lo terminé, pero según Jessy a ti te gusta leer y me dijo que tú podrías prestarme un libro.

—Mmm, bueno es verdad —acotó—. Tengo dos en el carro que Joey me prestó hace un rato.

—Oh, entiendo, ¿vienes de ver a Joey?

—Sí y no sabes qué bella está mi sobrina —mencionó.

Entonces oí lo que contaba de su sobrina mientras se acomodaba a mi lado, en la fresca grama.

—¿Te parece si leemos juntos uno de los libros? La frescura de este magnolio sembrado en este jardín insta a cualquiera a leer un bonito libro y disfrutar de una buena compañía —me dijo.

Sentí como un escalofrío en todo mi cuerpo, pues las palabras de Javier adentraron en lo profundo de mi corazón, era como una motivación a mis suspiros que sin darme cuenta iban surgiendo. Sentada en la sombra de aquel árbol, acompañada de mi amigo Javier, pasaba los dedos atenta y tranquilamente sobre las páginas viejas de aquel pequeño libro que leía para ambos. ¿Dónde estaba el chico reservado y resentido que había conocido hacia algún tiempo? Para mí él ya no era un desconocido, más bien era el amigo en quien confiaba y lo mismo aparentaba ser yo para él.

Durante ese maravilloso tiempo primaveral pasamos muchas horas al aire libre. Leer para Javier era también sentir el olor de las resinas de los árboles ahí sembrados y de la cepa virgen. Cada capítulo que leía era como viajar a través del tiempo. Nos sumergíamos en aquellas épocas donde cada noble, o contraía nupcias con su amada, o era víctima de la maldad narrada por el autor. De esa manera, transcurrieron tres meses llenos de pasividad y de alegría, de tardes intensas, de lectura maravillosa y entretenida, pero al mismo tiempo, de mañanas trabajosas y ahogantes, llenas de satisfacción y mucho éxito, al lado de esa familia amiga que solo habían tenido conmigo muchas atenciones; demostrándome así, ser los parientes que nunca tuve aparte de mamá y de papá. Pasar las tardes con Javier me hacía feliz. Aunque fuera solo como un amigo. Sin embargo, para mí él ya no era un amigo, pues sentía algo más que eso y a la vez, me sentía dichosa porque me conformaba con formar parte de su entorno.

—Hola Alejandra, llegaste un poco tarde hoy —me saludó Jessy, quien se encontraba leyendo uno de los libros que ya había leído junto a Javier.

—Hola Jessy —respondí—. Sí, tienes razón, es que me encontré con Javier y…

—Y… La conversación entré tú y mi sobrino es interminable —replicó ella.

—Bueno, más o menos —dije y le sonreí, colocando mi bolso sobre la mesa y las llaves en otro lugar—. Y a ti, ¿cómo te fue en el aeropuerto Ceibeño?

Entonces cerró su libro con un separador, para luego explicarme.

—Bueno, la próxima semana comienza un curso para comenzar como aeromoza y lo vamos a recibir cinco solteronas como yo —mencionó y sonrió—. También, nos rifaremos en que casa se quedará nuestro instructor, porque el sugirió quedarse en casa, no en hotel; la compañía pagará por su estadía, pero nadie quería tenerlo así que yo salí premiada.

—¿Así que tendremos de visita a un aeromozo?

—Piloto, más bien —acotó—. Es estudiado en los Estados Unidos.

—¡Espera! Y, ¿por qué los capacitaría un piloto?

—Al parecer comenzó como aeromozo y fue el mejor —mencionó—. Terminó pagando sus estudios y siendo el piloto de la compañía.

—Mmm, y ¿cómo se llama tu piloto eh?

—Se llama Antonio Ávila —dijo y me miró con curiosidad.

—¡Antonio Ávila!, ¿ya lo has visto?, ¿tú crees que sea él?

—¿Tu ex? No, no lo creo, seria demasiada coincidencia —acotó.

Entonces, ambas nos quedamos calladas, pues la verdad sería una locura que fuera la persona que años atrás me había apoyado en la universidad. Sin embargo, ese pensamiento fue interrumpido por Jessy…

—Tranquila, este piloto ha de ser un viejo, pues dicen que hace tiempo trabaja en la compañía.

—Bueno, tal vez me estoy preocupando demasiado, y dime, ¿dónde dormirá tu piloto?

—En la que era tu recámara —me dijo—. Hoy llamaré a María para que la limpie el sábado por la mañana… Alejandra iré a darme un baño, pues hoy tenemos una reunión aquí en casa, para planear la fiesta de cumpleaños de Alfredo y los chicos no tardan.

—Sí, eso me dijo Javier, ¿quieres que cocine algo?

—No, no te preocupes.

—Bien, entonces yo también iré a darme un baño, me siento pegajosa.

Sin dejar de pensar en lo que había conversado anteriormente con Jessy, me aseé y una hora más tarde, en la sala, se encontraban las doctoras Paty y Lucy, en compañía de Jessy. Entonces, me acerqué para saludar.

—¡Buenas tardes doctoras! —dije y ambas contestaron casi al mismo tiempo.

—Pediré una pizza para cenar —dijo Jessy poniéndose de pie.

—Bueno, pide dos porque Javier solo se come una —le dije a Jessy tratando de acomodarme en el sillón que estaba en una esquina de la sala.

—¿Cómo es que sabes tanto tú de Javier? —me interrogó Lucy.

Jessy se carcajeo de una forma sonora.

—¡Solo la pasan juntos! ¡Jajaja! —dijo Jessy.

—¿Javier es tu novio? —volvió preguntar ella.

—No, Javier y yo solo somos amigos…

—¡Y muy buenos! —interrumpió Jessy riéndose en tono de burla.

Lucy me miró con una sonrisa irónica. En cuanto a Paty, que permanecía callada y tranquila, se veía más en su cara el dolor por la pérdida de su abuelita. Mientras conversaban entre ellos, aproveché, en ese momento, para ir a la cocina por jugo. Por más que Jessy me dijera que me adaptara a su mundo, no me sentía parte de su círculo de amigas, tal vez porque no existía confianza ni mucha comunicación.

—¿Qué haces? —me dijo alguien.

Rápidamente me di vuelta para confirmar que esa voz era la de Lucy.

—Les llevaré un poco de jugo de zanahoria.

Ella se sentó sobre una silla del desayunador y comentó.

—¿No te sientes en confianza con Paty y conmigo verdad? —mencionó y noté una vaga expresión en sus ojos color miel—. No te preocupes, entiendo, pero somos colegas, aunque no trabajes en un Hospital, igual te graduaste de doctora y aunque las especialidades no son las mismas, no hay mucha diferencia.

—¡Gracias Lucy! —dije—. No te preocupes por mí, lo que pasa es que hace poco las conozco.

—Casi al mismo tiempo que conociste a Javier; sin embargo, con él te llevas muy bien.

—No es lo mismo —mencioné—. A Javier lo veo a diario, para ser exacta todas las mañanas y tardes.

Entonces, ella pasó su mano, con estilo, sobre su cabello liso y claro.

—Tienes razón —acotó y sonrió de forma jovial—. Bueno, espero que lleguemos a ser buenas amigas. Yo trabajo en el hospital privado, en el área de pediatria y Paty, en cirugia, cuando ocupes algo ya sabes. Por el momento, vivo con Paty para que no se sienta sola.

—Entiendo —dije colocando unos vasos sobre la mesa—. ¿Y tus padres?

—Fallecieron cuando tenía veintidós años; entonces yo me quedé al cuidado de mi hermano mayor, luego conocí a Doña Elena, la abuela de Paty, que en paz descanse —dijo y seguido de eso, se persignó.

—¿Y tu hermano dónde está?

—Él se casó y vive en la capital, cuando Paty y yo nos graduamos nos gustó más esta ciudad, porque en aquel entonces aquí vivían los padres de ella.

—Entonces, ¿eres de la capital?

—¡Oh, no, no! —me dijo—. Soy de Canadá, solo hice la práctica de mi especialidad aquí, cuando mis padres murieron Jenny y yo decidimos cambiar de vida; nos pareció este país y nos quedamos.

—¿Y los padres de Paty?

—Paty ha sufrido mucho, creo que por eso es más callada… Cuando sus padres fallecieron pasaba por el peor momento.

Sentí que Lucy me estaba confiando demasiado y la verdad no quería saber sobre la vida de Paty, pero ante su confesión debía mostrarme interesada, ya que sería descortés de mi parte.

—¿Y qué hay de ti Alejandra? —mencionó.

—Pues no mucho —dije—. No tengo mucha familia, solo vivo con mamá y papá, mi abuela falleció hace mucho y no conozco a más familia.

—Bueno pero, ¿tienes novio?

Comprendí que ella me confesó parte de su vida para que luego siguiera yo.

—No, no tengo, hace años no tengo novio —dije y sonreí—. Igual no siento que me haga falta uno, ¿Y tú?

Ella y sus dos amigas eran el trío de solteronas, mayores. «¿Seré así en mi adultez?», pensé. Entonces, volví a cuestionarme en mi mente. Todo quedó en silencio por un momento, coloqué los vasos y el jarrón en una cacerola, luego puse servilletas desechables y lo cargué.

—Hola, hola —dijo Javier mientras entraba saludando.

Coloqué la azafata de nuevo sobre la mesa. Entonces, Lucy y yo saludamos, Javier dio un beso a Lucy en la mejilla y luego se dirigió hacia mí.

—Tienes que conocer a mi hermano Joey, vino conmigo —mencionó—. Bueno todos están aquí.

—Qué bien, vamos entonces —replicó Lucy.

Javier se veía más entusiasmado durante ese día, pues yo por fin conocería a Joey, el cual me intrigaba mucho; ya que Javier hablaba mucho de su buen corazón y su ejemplo como hermano. Entonces, tomé de nuevo la azafata y nos encaminamos hacia la sala. Al llegar ahí, la coloqué sobre la mesita de vidrio y luego saludé a Carlos y Armando.

De pronto, un varón con el cabello liso y trigueño se puso de pie frente a mí. Sentí un escalofrió recorrer mi piel y unos deseos enormes de abrazar a ese personaje tan alto, quien dándome un beso en la mejilla me dijo: —¡Hola! Y luego, espontáneamente, nos dimos un fuerte abrazo. Todo fue inexplicable. Ese abrazo me hizo sentir un calor familiar, lo cual fue una sorpresa para el resto, sobre todo al ver la reacción de ambos. Sin embargo, nadie dijo nada. Todo se quedó en silencio por algunos segundos…

—¡Bueno!, ¡bueno!… La pizza se enfría así que comenzaré yo —dijo Javier mientras comenzaba a abrir una de las cajas.

Sobraban las palabras porque con sonrisas y gestos amables bastaban. Esa familia me transmitía algo de felicidad; si bien era cierto que extrañaba a mis padres pues el amor de ellos era inexplicable, además de la confianza, pues mi hogar era lo que me motivaba a seguir adelante, así como el vivo apoyo que recibía, el cual me impulsaba a seguir día a día con mi vida; no obstante, ahora sentía que esa pequeña familia también me transmitía confianza y me sentía agradecida con ellos, pues aquí llenaban el vacío que una vez existió en la necesidad de tener una familia más amplia, porque aunque no lo fuesen de manera biológica, lo sentía de manera artificial.

Esa noche al recostarme, ya para descansar, mi mente se quedó vagando y reflexionando sobre esa amistad que Javier me brindaba. Él se portaba como todo un caballero, era divertido y un niño a la vez. Sus bromas me fascinaban y me seducía su formalidad en el trabajo, como administrador del gimnasio de Janeth, cosa que hacía muy bien. Por su parte, él era licenciado en administración y fue capaz de sobresalir solo con dicha empresa, almorzaba conmigo todos los días en una cafetería que quedaba junto al gimnasio, en una colonia reconocida. Nuestros almuerzos eran sagrados y divertidos, todo se podía posponer menos esos almuerzos, donde tocábamos muchos temas de conversación, excepto el tema del amor, pues ni yo era capaz de mencionarlo, aunque sintiera temblar mis rodillas y agitar mi corazón cada vez que me encontraba con él. A diario, él daba las gracias por nuestra amistad y elogiaba mi veracidad en el trabajo.

—Eres muy buena en lo que haces, la mejor en todo y la mejor amiga que nadie puede tener, ¡gracias Alex! —decía siempre, a los cual yo solo me sonrojaba y le devolvía el elogio.

—Gracias Javi, pero tú también eres divertido y amable, eres un buen amigo— le decía y ambos sonreíamos y luego continuávamos con otro tema.

Me fascinaba disfrutar de su compañía, la chispa de sus ojos alegraba los míos, haciendo estremecerme al igual que mis piernas temblar… ¿De pasión quizás?, o de deseos de hacerle ver que no podía ser solo su mejor amiga, sino también una mujer que podría hacerle feliz. Sin embargo, sentía que él no pensaba lo mismo.

Capítulo N° 5

Estaba cansada, pues eran casi era las diez de la mañana. El sol había salido un poco tarde, ya que el día se veía un poco opaco. Me encontraba sentada sobre la silla de mi escritorio, cerré los ojos para hacer un recordatorio de mi vida. Entonces evoqué, de manera inmediata, los rostros de mis padres. Con esa primera imagen que mi mente escogió, comencé a quedarme entre dormida y despierta, sin puntualizar nada, solo un poco de relajación para sentir un descanso aunque fuera por un instante. El teléfono receptor había timbrado ya tres veces cuando lo tomé, de esta manera, caí de nuevo en la realidad en que me encontraba. Era la secretaria de Javier…

—¿Sí?

—Doctora Díaz —dijeron del otro lado—. El Licenciado Javier la quiere ver.

—Dile que ahora mismo voy —contesté—. ¡Gracias!

Javier era mi jefe, aunque no lo catalogaba como tal, ni él lo veía así. Me puse de pie para dirigirme hacia su oficina y después de caminar por un corto pasillo, la muchacha me hizo pasar.

—¿Dime? —dije dirigiéndome a él.

Se puso de pie dentro de su amplia oficina, que era sofisticada y no iba con su personalidad, pero él no lo creía así pues su madre la había decorado. Tal vez creyó que era una forma de hacerlo un poco más responsable, serio y a través de ello, también darle una mayor formalidad al gimnasio. Sin embargo, tal vez para él debería ser un poco más juvenil, a su gusto y elección, pero este prefería no llevarle nunca la contraria a su madre ya que, aunque fuera muy comunicativa con ellos y su hermana menor, también sabia imponerse ante estos.

—Invité a Lucy almorzar hoy —dijo de súbito, lo cual me hizo volver en mí con rapidez.

En cuestión de segundos mi cerebro accionó una sonrisa para ocultar mi tristeza.

—¡Ah!, de acuerdo, ve con ella, no te preocupes —dije.

—¡No!, quiero que tu vayas con nosotros —respondió—. Ella sabe que irás con nosotros.

—¡Oh!, ¡gracias Javier!, pero debo ver un paciente hoy a la hora del almuerzo, pues no tiene tiempo en otro momento.

—¡Oh! ¡Pero yo quiero que vayas conmigo!

—Tranquilo Javier, nos vemos después del almuerzo —mencioné—. Me llamas cuando estés de regreso.

Ambos sonreímos y nos despedimos. Salí disparada para la oficina, pues en ese momento mi mente se nubló y comencé a experimentar todo tipo de malestar: tristeza, coraje y amargura. «Solo es un mal día», pensé y exhalé. «Es solo mi amigo, no debo sentirme así», me dije a mí misma, moviendo la cabeza de un lado a otro. Entré a mi oficina y al sentarme en la silla, cerré los ojos de nuevo. De pronto, el rostro de Javier comenzó a vagar por mi mente. Suspiré profundo, para sentir el aroma a las flores, que estaban en mi oficina, la cual estaba decorada de manera sencilla. Recuerdo que Javier me había ayudado a decorarla, pues él había colocado uno que otro objeto y me había ayudado a escoger uno o dos muebles. Esos días nos unimos como amigos. Era grato estar junto a él. Aspiré el rico aroma floral que emanaba del aromatizante dentro de mi oficina y comencé a sentir que la cabeza me dolía. No era posible que tanto así me afectara esa situación. Me sentí un poco tonta… «¡Hay no!, ¡no!, ¡no!», me dije, pues eso no podía afectarme tanto. Entonces me puse de pie y di media vuelta alrededor de mi escritorio. Entre tanto darme vueltas la cabeza y sin percatarme, choqué con Carlos, que había entrado sin llamar a la puerta antes.

—Oh, Carlos —dije sorprendida—. ¿Tú?

—Lo siento Alex yo no toqué —respondió—. La puerta estaba entreabierta…

—Tranquilo, no te preocupes —dije y lo interrumpí, en seguida, me di la vuelta y caminé hacia mi escritorio.

—¿Cómo estás? —me dijo—. Te siento estresada.

—Mmm, no mucho, solo un poco de dolor que cabeza.

—Mmm, opino, como doctor, que tu mal se acabara almorzando conmigo, ¿aceptas?

—¿Javier te envió? —pregunté y sonreí.

—Oh, no… Claro que no, yo no lo he visto —me dijo y se acomodó en una de las sillas de la oficina.

Entonces le creí, ya que no era un hombre de cuentos o inventos.

—¿Irás? —volvió a preguntar.

—Oh, pues la verdad es que estoy un poco cansada y…

—No me digas que no, estás estresada y necesitas relajarte —mencionó interrumpiéndome—. Vamos, pasaremos un momento… Será agradable, ya lo verás.

—Bueno, siendo así, no me resistiré doctor —dije—. Acepto.

—Entonces, ¿nos vamos ya?

Miré el reloj, tomé mi bolsa y nos dirigimos a su auto para ir al restaurante que él había elegido. Llegamos y entramos a un restaurante chino, muy elegante, donde había grandes jarrones chinos en cada esquina. Era un fresco lugar decorado de rojo y dorado, con algunos tonos en naranja y como todo restaurante, contaba con muchas sillas con sus respectivas mesas. También había música instrumental suave de fondo. De pronto, Carlos sacó una silla para que me sentara.

—Gracias —dije.

Él se sentó también y puso la servilleta de tela sobre sus piernas. Yo le seguí, pues sabia algunas reglas de etiqueta gracias a Antonio, con quien de vez en cuando salíamos a lugares así en la capital del país. Un mesero se acercó con la carta y rápidamente él y yo escogimos lo que sería nuestro almuerzo, mientras el mesero llenó las copas de agua.

—¿Qué cuentas Alex? —me preguntó Carlos mientras jugaba con sus dedos sobre la mesa.

—Pues no mucho, trabajo en el gimnasio —dije—. Ya sabes, ese servicio tan personalizado es nuevo y a veces voy a los tres gimnasios, pero me gusta mucho, es entretenido y, ¿tú?

—¡No comprendo sabes! ¿Por qué no trabajas en el hospital si eres un médico general? —mencionó y me miró fijamente a los ojos como esperando una pronta respuesta.

—La verdad es que quiero poner un consultorio de mi especialidad, tú sabes y sí, claro, quién no quiere una plaza en algún hospital público del país —dije—. Por mi parte, ya envié mi currículo y espero una respuesta; pero la verdad es que eso es bastante difícil, pues actualmente se requiere de una buena recomendación para lograr algo allí.

—Así me gusta, desde que te vi me di cuenta que eras muy inteligente y supe que no te quedarías toda la vida en los gimnasios de Janeth —mencionó—. No es que no esté de acuerdo con lo que haces, pero pues como diría mi tío; a veces el destino nos permite hacer muchas cosas, solo hay que aprovechar las oportunidades que tenemos frente a nosotros. Tenemos que explorar y descubrir.

Luego de eso, le dio un sorbo a la copa de agua mineral que tenía a su disposición. Entonces le di las gracias y el mesero enseguida trajo la entrada, la cual devoramos sin decir mucho entre nosotros.

—Comes muy nutritivo, ¿verdad? —acotó—.

—Bueno, tú sabes que trato de balancear el menú —mencioné—. Ya es costumbre; no solo lo hago en los gimnasios, también con lo que come Jessy.

—Yo no soy muy balanceado… No me queda tiempo para tales cosas —dijo—. Ya sabes, los horarios del hospital son muy variantes, a veces cuando toca guardia, no como solo el café por el sueño.

Le sonreí un poco, asintiendo con la cabeza, para después decir.

—Tienes razón, eso lo viví en las prácticas cuando estudiaba, es realmente agotador.

El plato fuerte llegó enseguida, ambos sonreímos y el continuó escudriñándome.

—Te llevas bien con Javier, ¿verdad? —preguntó

—Sí, es verdad, es muy buen amigo, es bien compresivo.

—Sí, es bien diferente, los tres son bien diferentes.

—Y cuéntame algo Carlos —le dije—. ¿Cómo es Alfredo?

—Mi tío Alfredo es muy bueno, él se hizo cargo de mí cuando mi madre murió y aún no se casaba con tía Janeth —me contestó—. Soy como su hijo y él es un padre para mí; adoro a esta familia, incluso a la tía Janeth, que es una persona muy cariñosa, los muchachos son como mis hermanos y claro, yo soy el mayor de los cuatro, todo ha corrido por cuenta de tío Alfredo, incluso mi educación y nunca me ha visto de menos entre los cuatro, pues siempre hemos sido todos o ninguno.

—Eso es bueno, lo he notado, los señores son muy buenas personas, aunque los haya visto muy poco.

—Bueno, mi tío Alfredo tiene su empresa y el trabajo de mi tía, ya sabes, ella administra el gimnasio de la tía Jessy, ellos siempre están en sus funciones a veces ni yo los veo y vivo con ellos. —sonrió en forma amena, disfruto la comida, parecía que no había comido muy sano en los últimos días.

—Sabes ya tiempos no comía comida tan tranquilo y bien acompañado, tu compañía es bien grata mi querida Alejandra. Te agradezco que hallas aceptado almorzar conmigo.

—¡Gracias! También lo he disfrutado.

Nuestra conversación se hacía más amena, pues él era un hombre muy inteligente y agradable, además de muy trabajador y amaba lo que hacía, de los pocos hombres satisfechos con su trabajo. A pesar de su temprana perdida, era muy visionario y no se enredaba con nadie, en nada.

—Ha sido agradable comer contigo Carlos, mi dolor de cabeza es historia —mencioné—. ¡Gracias!

—Espero que sea la primera de muchas, mi querida amiga.

—En una semana es el cumple de don Alfredo, ¿verdad? —pregunté—. Dime, cómo le hacen si solo los he oído hablar, pero ¿se traen un misterio?

—Bueno lo hacemos todos los años y lo hacemos en familia, a excepción de Paty, Lucy y tú este año, porque ¿irás verdad?

—Sí claro, hoy recibe al piloto Jessy y gracias a Dios solo es medio día de trabajo —acoté—. Así de que de aquí voy a la casa.

—Ah y si no te molesta, te acompaño —me dijo—. Hoy me toca desvelo en el hospital y estaré de guardia desde las ocho de la noche.

—Mmm pobre, si no te molesta te puedo acompañar a tu guardia el día de hoy, solo si te parece —lo dije sin pensarlo.

—Me encanta la idea —dijo y sonrió satisfecho—. Estaré contento de que me acompañes esta noche.

El mesero retiró los platos vacíos y colocó uno con flan como postre. Entonces, comenzamos a disfrutarlo, aunque ya sin muchas ganas, pues nuestro estómago ya estaba satisfecho por la comida que habían antecedido. Entré tantas conversaciones me miraba, como queriendo traspasar mi mente y saber lo que pensaba, me clavaba su mirada y luego sonreía para simular y que no lo pillara en su indagación. En cambio, yo me sentía serena y tranquila, él no me perturbaba de ninguna forma, como lo hacía Javier. Carlos era diferente: serio y de pocas bromas, pero se veía romántico y compresivo, tal vez era el tipo de hombre que cualquier mujer pudiera desear, pues no tenía la fama de aventurero, lo cual lo hacía más interesante. Sentada ahí, frente a él, terminando el flan, este me veía sereno y me preguntó.

—¿Te pareció bien nuestro almuerzo?

—Claro que sí y, ¿a ti? —le pregunté

—Me encantó, fue delicioso el almuerzo, como la compañía —mencionó—. Gracias por acompañarme.

—Bueno, si no hubieras insistido no estaría aquí contigo, pero no me arrepiento —dije—. Gracias.

—¿Sabes?, mi última novia fue Lucy.

—¿Así? Y, ¿qué paso?

—¡Bueno tú sabes!, no todo es perfecto —dijo mientras abría la puerta del coche para que yo entrara.

—Tienes razón, hay cosas que marcan y relaciones un tanto dolorosas.

—Y tú, ¿qué me cuentas de eso?

—Mmm, ya hace tiempo que no tengo novio… Realmente no es que haya sido doloroso, más bien difícil, pues me costó olvidarlo, pero el tiempo lo cura todo.

—Sí, eso es muy cierto, pero parte de la tarea es dejar de ver a la persona en cuestión.

Le sonreí afirmando lo que había expresado. Mientras conversábamos, él conducía por la Avenida 14 de Julio, rumbo a la colonia donde quedaba ubicada la casa de Jessy. La calle estaba despejada por lo que se hizo más fácil el desplazo hacia la casa y Carlos era muy buen piloto. Llegamos a la casa y ambos bajamos del auto. Los vehículos de Javier y Lucy ya estaban estacionados frente a la casa. Antes de que yo dijera algo, Carlos se adelantó.

—¡La doctora ya está acá!

Asentí con la cabeza, abrí la puerta y nos encontramos con un impresionante cuadro, más para mí que para Carlos. Mi corazón dio un vuelco tremendo por segunda vez. Mis nervios aumentaron, sentí mi saliva más pesada y una somñolienta impresión se apoderó de mí. Sentía calor y frío a la vez. Entonces, una ráfaga de viento caliente recorrió mi cuerpo, que en ese momento, también se tornaba helado.

Carlos carraspeó un poco para romper el hielo y hacer que Lucy y Javier se apartaran del abrazo apasionado que se daban en ese momento. No habíamos presenciado beso, pero tanto Carlos como yo, nos imaginamos que algo más había pasado. Después de un penoso saludo me disculpé para ir a la cocina por jugo para todos los presentes en la sala. Automáticamente caminé por el pasillo hacia la cocina, serví el jugo y de la misma manera volví a la sala. Me sentía molesta y confundida, pero estaba tratando de relajarme un poco. A mi regreso, había una conversación amena en la sala, sobre el nuevo huésped que arribaba esa tarde. Mientras colocaba la charola sobre la mesa de vidrio, me fijé en Lucy, la cual siempre vestía blusa de seda y ese día no era la excepción. Su pantalón de vestir azul marino hacia juego con una blusa de seda beige y sus zapatos de medio tacón. Sus ojos, color miel, iba bien con su cabello corto estilo varón. Su sonrisa, bien perfilada, denotaba su hermosa dentadura. Ya incluida en la conversación que teníamos se le veía a Lucy feliz, quizás por encuentro que había tenido con Javier momentos atrás. Me sentía egoísta y molesta a la vez, no sabía que había pasado con exactitud.

—Supongo que es un señor ya mayor —indicó Carlos.

—No, no lo creo —insistí.

—¿Sigues pensando que puede ser tu exnovio? —preguntó Javier con curiosidad.

A estas alturas ya todos sabían la historia que había entre Antonio y yo años atrás. A la pregunta de Javier no hice más que asentir con la cabeza, pues estaba segura que era el, pero lo que me preocupaba era la coincidencia de encontrarnos ahí en ese momento, en ese lugar.

—Tranquila, quizás no es él y te estas preocupando demás —apuntó Lucy, sus labios eran carnosos y su piel bronceada era una canadiense muy conservada.

—¿Todavía está en pie la promesa de irte al hospital conmigo?

—Claro Carlos, desde luego que sí.

Javier y Lucy nos miraron con gesto de interrogante.

—Así que, ¿te desvelaras hoy Alex? —preguntó Javier

—¡Sí!, le había prometido a Carlos acompañarlo —mencioné—. Mañana tengo día libre, me iré por la tarde a casa de mis padres y este fin de semana pasaré con ellos.

—Perfecto, si quieres almorzamos mañana y te llevo a tu pueblo —se ofreció Carlos.

—Tranquilo Carlos, tú no puedes salir este fin, tenemos que terminar lo de la fiesta de papá —dijo Javier y le atajó la jugada.

—Bueno, entonces sí te acepto el almuerzo Carlos —agregué para no dejarlos en seco.

Sentí que Carlos quería filtrar conmigo y era un poco obvio para todos los presentes. Sin embargo, no me interesaba mucho, ni tampoco me preocupaba si así lo era o no. Antonio, el invitado de Jessy, en ese momento lo único que quería era que Jessy llegara y así evitar la mirada de Javier sobre mí, como queriendo adivinar lo que pensaba. Todo se había tornado muy silencioso y un poco incómodo. En ese momento, justo el auto de Jessy hizo un ruido al estacionarse. Entonces, sentí un poco de temblor y sobresalto, como cuando mi madre me regañaba por alguna falta que había cometido. No quería remover las promesas que habían quedado entre Antonio y yo en aquel entonces, pues para mí había sido un cuadro muy difícil, un noviazgo bonito e inocente, pero difícil cuando nos tocó separarnos; no obstante, ya había superado esa fase de mi vida. De pronto, Jessy entró con su bolso en una mano y las llaves en la otra llave.

—Llegamos, esta es la casa —dijo y tras de ella entro un hombre más alto que la misma Jessy y delgado, su mirada se clavó en mi para exclamar.

—¡Alejandra!… ¿tu? —se quitó los lentes claritos que cubrían sus ojos, café oscuro.

—¡Antonio! —exclamé.

Entonces, él se acercó hacia mí, apartó el cabello que cubría parte de mi rostro y sentí su cuerpo pegado al mío, estrechado en un abrazo. Sí era él, Antonio y estaba aquí, abrazándome, pues lo podía sentir. Se veía más guapo y atractivo que años atrás en la universidad.

—¡Tierna mía!, ¡jamás pensé que te encontraría aquí! —dijo besando mis mejillas.

—¿Sí? Yo si lo imaginaba —le respondí.

Esta vez lo presenté yo ante todos y ya una vez pasado ese momento, Javier lo atajó con una pregunta.

—Así que, ¿tú eres el ex novio de Alex? —le preguntó a Antonio.

—¡Sí, así es! Y por poco, su esposo.

—¿Cómo así?, ¿también se comprometieron? —dijo Lucy y todos me miraron.

Asentí con la cabeza. Entonces, ya todos estaban acomodados en el sofá. Por mi parte, no quería recordar nada pues el pacto era que nos volveríamos a encontrar y por casualidades del destino, nos casaríamos. Todos me miraron.

—Bueno, cuando la madre de Antonio falleció, nos hizo prometer que nos casaríamos al graduarnos —dije.

—Y, ¿qué paso? —preguntó Jessy.

—Bueno, ambos teníamos sueños diferentes y mi beca a Estados Unidos salió en ese momento, así que decidimos que cada uno tomaría su destino —mencionó—. Quedamos en no estar bajo presión y si nuestro destino era reencontrarnos y nos reconciliábamos, entonces era el destino y podríamos retomar nuestras vidas.

—Sí —agregué—. Y aquí estamos, frente a frente de nuevo.

Antonio era moreno, sus ojos eran café oscuro y pequeños. Era alto, delgado, muy atractivo y sobre todo muy intelectual. La cena se hizo en casa de Jessy mientras Antonio y yo conversábamos y nos poníamos al corriente de la vida de ambos en los últimos años que habíamos estado separados.

—¿Alex y al fin te vas conmigo? —nos interrumpió Carlos.

Ambos le vimos y yo asentí con la cabeza Antonio preguntó a dónde iba, a lo que le respondí y le expliqué todo el asunto. Él como siempre, muy amable, se despidió y se dispuso a conversar con Jessy. Mientras tanto me despedí de Javier, quien estaba inquieto y triste;

algo le pasaba, pero yo no era capaz de preguntar por ello. Por otro lado, la compañía de Lucy también me lo impedía, pero él me tomó del brazo y me pidió hablar conmigo, y a la petición no me negué así nos dirigimos hacia el porche de la casa de Jessy.

—Entre Lucy y yo no hay nada…

—Javi, a mí no me tienes que explicar nada, ella y tú ya son adultos y pueden hacer lo que quieran —le dije y quise explicarle, entonces él pasó las manos por su cabello rubio.

—Sí, pero entré tú y yo no hay secretos —mencionó—. Por eso quiero contarte todo.

—Entonces Javi, le estas dando falsas ilusiones y eso no es justo —dije—. Si no quieres nada con ella tienes que explicarle, no es justo para ella, quizá ella si quiera algo contigo.

—Tienes razón —dijo—. ¡Te necesito Alex!

—Yo siempre estoy contigo, no olvides eso, somos amigos y los mejores.

—Y, ¿porque no almorzaste conmigo?

—Porque no quería interrumpir, la verdad yo si creí que había algo entre ustedes —mencioé—. Además, es la primera vez que la invitas a nuestros almuerzos y tú sabes que son nuestros almuerzos.

—Se dio amiga, lo siento —acotó—. En fin, ya es hora que te vayas con Carlos, pórtate bien mi Alex, sé que él es buena persona y me agrada que te adentres en la medicina general.

—¡Gracias amigo! —me despedí, recalcando lo último.

Carlos y yo nos desvelamos hasta las siete de la mañana. No volvimos a tocar el tema de Antonio. De esa manera, disfruté de su compañía, pues las emergencias fueron pocas esa noche. Conversamos mucho, lo conocí bastante aquel día. Él me hacía reír mucho aunque estuviera un poco cansado. Revisamos algunos enfermos de rutina y le ayudé con las emergencias. No se me había olvidado nada y me gustaba lo que había vivido esa noche. Aunque no había dormido mucho, solo me recosté un par de horas y a las doce, Carlos paso por mí para hacer realidad nuestro efectivo y acordado almuerzo. Por el mismo Carlos, me di cuenta que Javier y Lucy estaban almorzando en ese momento. Entonces, me sentí un poco incómoda con esa noticia; sin embargo, traté de disimularlo bastante, pues tampoco no podía hacer nada. Si él y Lucy llegaban a tener algo, solo tenía que aceptarlo, aunque mi amor por Javier fuera inmenso. Si ya lo aceptaba para ese entonces, es que estaba enamorada de él y pues tampoco podía hacer nada. Mis sentimientos ya estaban claros, pero no sabía los de él. A veces me mostraba amor de amigos y otras veces celos o quizá egoísmo, así que para mí eso era confuso. Muy confuso.

Capítulo N° 6

Era la una de la tarde cuando abordé el autobús a mi pueblo. Era la primera vez que iba a la casa, disfruté mucho y recordé cada paisaje, cada belleza natural por la cual pasaba al volver a casa. Mi pueblo quedaba en algún lugar en el departamento de Atlántida, un poco alejado de la civilización social. Para llegar hasta allí había que tomar dos autobuses y en ese momento ya iba en el último. Este había entrado a un desvío sin pavimento. Podía volver a sentir el rebote de las llantas del autobús al hacer choque con las piedras, un poco después de pasear, ordene al conductor detenerse frente de mi casa. Luego de pagar, bajé y pude darme cuenta de lo distinto que estaba el portón de la entrada, pintado de negro. Mi mamá me recibió muy contenta y así, lloramos juntas. Mi mamá era una señora de ojos negros, cabello crespo pintado de caoba, no era delgada pero tampoco robusta. Era un poco enojona y de carácter fuerte. La casa se veía igual, siempre limpio el patio y ordenado por todos lados. Mi mamá siempre se tomaba el tiempo para hacer sus tareas hogareñas, eso siempre había sido así.

—Mi niña —me dijo—. Pero si estás demasiado delgada.

—No madre, no estoy delgada —le contesté—. Más bien tú estás un poco pasada de libras y sabes que eso no es bueno para la salud, pero mami, ¿dónde está mi padre?

—¡Aquí estoy tesoro mío! —dijo él y nos abrazamos, me besó mucho y volvió a abrazarme, nos habíamos extrañado a pesar de todo.

—Cuéntanos mi amor ¿cómo te va?

Les conté todo desde el principio, tal y como habían pasado las cosas desde que había llegado a la ciudad Puerto de La Ceiba, incluso la manera en como había llegado a los gimnasios Oliva y mis clases en la universidad.

—Adivinen con quién me tope el día de ayer…

—¿Pues con quien hija a ver? Cuéntanos.

—Con mi exnovio, Antonio Ávila.

—¿Dónde?

—Pues ahora es todo un piloto y estará preparando esta semana a lo que será su nueva tripulación de viaje, entre ellas está mi jefa y amiga, así que lo tenemos hospedado en la casa por un mes.

—¿Y te dijo cuándo nos visita? —preguntó mi padre, pero mi madre lo interrumpió con otra pregunta.

—Dime hija, ¿tú y él no tienen pensado retomar su relación? Ese muchacho es bueno para ti.

—Mamá, mi corazón ya tiene dueño, pues estoy enamorada del hijo de mi jefa y sobrino de mi amiga con la que vivo.

Entonces todo quedó en silencio. Sin embargo, yo estaba esperando alguna reacción de parte de ellos y como no decían nada tomé la iniciativa.

—Entiendan que a mí me dolió lo que pasó… Ya lo sufrí y ese tema quedó olvidado.

—Y, ¿cómo es que se llama la señora para la que trabajas? —preguntó mi mamá.

—Su apellido es Lozano Oliva, se llama Janeth Oliva y le decimos Jane Oliva.

—¿Jane Oliva?, ¿acaso tiene una hermana que se llama Jessy Oliva?

—¿Cómo las conoces? —pregunté sorprendida— ¿De dónde conocen a esa familia?

—Dime algo Alejandra… ¿Es que acaso estás enamorada de Joey o de Armando?

—No mamá, se llama Javier… Pero ustedes no me han dicho de dónde conocen a esa familia hasta ahora.

Mi madre pocas veces se ponía nerviosa y esta vez estaba hasta pálida y no solo ella, estaban los dos en la misma posición.

—Bueno… Ella fue compañera de nosotros en la Normal de Trujillo.

—¡Oh! ¿Entonces ustedes conocen la historia de ella y la hermana de esta? —dije—. Por cierto, ella casi lleva tu nombre, ¿qué casualidad no?

—Ja hija, sí conocemos la historia y sí, ella es casi igual, solo que yo soy Martha y ella Margarita, esa es la diferencia entre las dos —mencionó ella.

Mi mamá estaba muy rara y yo ya estaba preocupaba con esa historia.

—Pues me gustaría saber el porqué de esa reacción con esa familia… Los veo más nerviosos que asombrados, pues expliquen, ¿a qué se debe?

—Pues hija nosotros conocimos a las hermanas Oliva y la verdad es que Jane fue muy mala con la hermana, eso fue mucha obsesión… ¿No te parece?

—Lo siento mamá, pero a mí no me lo parece —acoté—. Jully sabía que ese hombre era el ex novio de su hermana y él no hizo bien en enamorar a la otra hermana; no sé mamá, yo no soy quien para juzgarlas la verdad, eso ya pasó… Quizá ustedes se encariñaron de Jully, por eso la defienden y yo lo respeto.

Mi madre no dijo nada, entonces supe que ellos ocultaban algo. Estaban por pedirme algo que yo no quería oír, pero igual esa conversación se tenía que dar tarde o temprano.

—Hija y, ¿por qué no renuncias? —me dijo mi padre—. Deja de trabajar con esa familia.

—Y tú, ¿por qué me pides eso?

—Amor, tu padre y yo conocemos a esa familia, pero más a Jane y no es buena persona. Además ese Javier ha de ser un Don Juan mimado, que juega con todas las mujeres.

—Lo de consentido no te lo voy a negar, pero lo otro sí… Él nunca jugaría con nadie mamá —mencioné—. Además, no voy a renunciar a mi trabajo por tres razones.

—¿Ah sí? Y, ¿cuáles?

—Una, madre, es que allí estoy ejerciendo mi carrera y me gusta mi trabajo; y dos, esa familia me ha acogido bien, me tratan bien y tengo un contrato con ellos por un año —dije—.

Papá cruzo las piernas muy tranquilo, él era sereno y así de sereno se dirigió a mí.

—Hagamos un trato.

—Pero Luis, ¿qué trato podrías hacer en este caso? —interrumpió mi madre.

Ese ambiente era tenso.

—Habla padre, te escucho —dije.

Entonces mi padre sonrió de manera amigable, pues era guapo, atractivo, físicamente delgado, tenía ojos cafés oscuro y su cabello era liso, definitivamente mi padre era guapo.

—Bueno Alex, tú puedes seguir allí, terminas tu contrato, pero trata por favor de olvidar a ese Javier, ese muchacho no es para ti mi niña —me dijo esto último muy serio.

—Si padre, es cierto —mencioné—. Quizás él no sea para mí… Eso tratare de hacer, no será fácil, pero sé que puedo, además hasta ahora solo somos amigos y él está entusiasmado con una doctora amiga de Jessy, así que por eso no te preocupes, no pasará a más.

—Otra cosa —agregó mamá—. No nos menciones mucho a nosotros con ellos, trata que tu relación con ellos solo sea laboral por favor, esa señora sabe bien que nosotros apoyábamos mucho a Jully hasta el final, aunque no sabemos dónde está esa familia, o si es que está viva, pero suponemos que ella quiere encontrar a su hermana.

—Pues sí madre, lleva años queriendo contactar a su hermana para pedirle perdón, pero bueno eso a nosotros ya nos corresponde.

Mis padres no comentaron más del tema. Todo quedo allí y es más, mi padre dejó en claro que no quería que se hablara más de ello. Estaba segura que algo escondían, pues aunque se había prohibido hablar del tema, mi madre me pedía que dejara los gimnasios, sin importar lo mucho que le había explicado lo buenos que eran ellos conmigo, especialmente Jessy. Eso a ellos no le importaba, pues solo querían que me alejara de ellos, lo cual ya me estaba irritando y me había prometido investigar un poco más acerca de esa misteriosa relación que ellos habían tenido con Jane o Jully, o quizá solo eran especulaciones mías y ellos solo no querían saber de algo que había sido muy sonado en esa época en el colegio de ellos.

De regreso a la ciudad, comenzó a llover fuerte. Podía ver la fuerte lluvia a través de los cristales. Aquel autobús iba a una velocidad impresionante, pero gracias a la lluvia se podía apreciar el color real del pasto verde maravilloso que ofrecía esperanza y tranquilidad. Parecía que al conductor le urgía llegar a su destino, ya que la prisa que llevaba era un poco más de lo usual, así que decidí dejar al conductor tranquilo con su velocidad y comencé a recordar los momentos que había vivido hasta ahora con Javier, ese era mi tema principal. Tantas veces juntos, bajo la sombra del magnolio de la casa de Jessy y no había insinuación de nada más que de una sincera amistad, una amistad que parecía que iba en picada con la presencia de Lucy, que al mismo tiempo me recordaba el consejo insistente de mi padre, que me olvidara de Javier como hombre. Ese punto hacía que me vibrara la pancita, pues sentía miedo a la vez. Siempre había respetado los consejos de mis padres y en la mayoría de las veces hacía lo que ellos me pedían, pero esa vez era diferente, pues no quería dejar de amar a Javier, pero tampoco quería desobedecer a mis padres. Sin embargo, dejaría que las cosas siguieran su curso. Entonces cerré mis ojos y evoqué los de Javier en mi mente, de un azul, profundo como el mar y tan significativos a la vez, esa sonrisa que me derretía y que me volvía loca. Me sentía atrapada y enamorada, perdidamente enamorada, ya no había dudas, ese viaje a casa lo había confirmado. Al llegar a la casa de Jessy, busqué el rostro de mi Javi en la sala, pero no había nadie, no había nadie en toda la casa, así que me dirigí a mi recámara, me di un baño y luego me recosté hasta la mañana siguiente.

La batalla del desayuno fue la primera y la más violenta en aquella casa, nunca pensé que Jessy y Antonio se llevaran tan mal. Los dos me habían saludado de la manera más atenta, pero la discusión empezó con una casa sin importancia. No obstante, algo había pasado ese fin de semana que esos dos se estaban casi insultando.

—Los hombres son despistados —decía Jessy.

—Pues es verdad, yo, por ejemplo soy así, despistado —replicó él en tono sarcástico.

—Lo sé, mi sobrino Javier, por ejemplo, nunca fue detallista con la novia y así quería que ella lo quisiera y siguiera con él.

—¿Ah sí?, ¿el muchacho que anda con la doctora Lucy? —dijo—. A mí en lo personal y por lo poco que he hablado con él, creo que está loco por Alejandra. Pero la Lucy no lo deja a sol ni sombra, anda como garrapata detrás de él, ella es un poco mayor.

—¿Tienes que ser tan franco? Estas hablando de mi sobrino y de mi mejor amiga —mencionó—. Ella es mayor que él y no creo que este enamorada. Ellos solo son amigos. Y con respecto a Alex, tampoco lo creo.

Mi posición en ese caso era pasiva, pues solo escuchaba sus críticas. No podía decir mucho, no sabía que había pasado en dos días y en medio de mi ausencia. Sin embargo, Jessy realmente se veía molesta por los comentarios de Antonio. Como había dicho ella: Javier era su sobrino y Lucy una de sus mejores amigas, pero mi exnovio no creo que los conociera bien como para opinar sobre ese asunto.

—¡Por favor ya no discutan! —repliqué ya cansada de oírles—. A todo esto, ¿han visto a Javier?

—Sí, ayer por la noche vino y quería hablar contigo, pero tú ya estabas dormida. Se marchó rápido… Realmente venias cansada, ¿verdad? —respondió Jessy.

—¡Sí, la verdad sí! —contesté.

—Yo he hablado con ese muchacho solo un par de veces y habla mucho a mi Alex, pero esa señora solo pasa llamándolo.

Jessy miró a Antonio con cara de enojo. Y por mi parte solo quedó dirigirme a él.

—Bueno, hablaré con él hoy… Total al rato lo veo en el gimnasio, ¡gracias!

—Me temo que no, mi estimada Alex, hoy tomo un vuelo muy temprano a Miami… Para eso se marchó hacia San Pedro Sula, ya sabes, la fiesta de Alfredo, fue por la abuela.

—¡Oh! ¡Ya veo! —dije pensativa.

—Por lo menos así aclara sus sentimientos —recalcó Antonio.

—Y bueno, ¿por qué supones que Javier está enamorado de Alex? —atajó Jessy.

—Soy hombre, observo, tengo experiencia y te digo que ese muchacho está enamorado de mi tierna —esto último lo dijo mirándome a los ojos, pues Antonio podía ser muy franco, pero también tenía su hombría bien definida.

—¿Tierna? ¿Acaso ustedes piensan volver o volvieron a ser novios?

—*¡No!* —atajé inmediatamente.

—No, aún no, pero puede pasar, ella no está amarrada a nadie y yo no estoy con nadie tampoco, de esa forma podríamos cumplir nuestra promesa, ¿cierto querida? —mencionó Antonio.

No dije nada, ya que Jessy replicó enseguida.

—¿Por qué no enamoras a Alex cuando estén los dos solos?

—¿Te molesta? ¿Acaso a ti no te han llenado de besos, detalles y amor? ¡Es una pena!

—No te importa Antonio…

—Tranquila, no te molestes, ¿sabes algo? A ti te falta amor, cariño y pasión.

—¡Basta! —lo atajó—. Eso no te lo permito.

Me puse de pie molesta, pues había visto a Jessy en su punto máximo de cólera y a él no le importaba, parecía que lo disfrutaba y eso me molestaba aún más.

—Bueno ya basta los dos, no sé qué habrá pasado entre ustedes este fin de semana, pero no me importa, dejen en paz a Javi y a Lucy, tienen un mes por delante y solo han pasado un par de días juntos, lo peor del caso es que en todo les toca convivir.

Salí disparada para mi trabajo. Era la primera vez que me iba en taxi, pues siempre Javier pasaba por mí. No vi su reacción y esa parte me tenía sin cuidado, no me molestaba si ambos terminaban juntos, pues más que odio parecía que querían esconder algo que sentían y si pasaba algo entre ellos era cosa de los dos y no mía. Por mi parte yo ya estaba definida y si Javier y Lucy tenían algo, tampoco podía hacer nada para cambiarlo, solo aceptar y resignarme, qué más podía hacer… En el corazón no se manda y lo tenía bien claro.

Los días transcurrían muy lentos y lo sentía más. Quizás por la ausencia de Javier, eso me hacía delirar un poco. Por otro lado, Carlos se había encargado de pasar por mí para almorzar esos días, pues nos habíamos hecho muy amigos. Asimismo, Antonio y Jessy cuando estaban frente a mí parecían odiarse y lo que empeoraba las cosas era ver a Lucy en casa, de visita y preguntando por Javier. Además, mi mente también volaba hacia las palabras que mi padre que me había dicho antes de salir de casa, con respecto al hijo menor de Jane. Me sentía entre la espada y la pared. Mis sentimientos estaban en conflicto y mi vida a la deriva.

Casi terminaba la semana y no había noticias de Javier. Entonces salí de casa sin ganas ese jueves, caminé como un autómata hacia mi oficina, la cual estaba entreabierta y al entrar descubrí unos ojos azules, más brillante que nunca. Corrí hacia él, lo abracé, me besó las mejillas; una primero y la otra después. Me abrazó una y otra vez, cuando por fin nos separamos, refunfuñé molesta.

—¡Te fuiste, sin despedirte de mí! Ni siquiera me llamaste.

—Lo siento, Alex, todo fue rápido… Armando no quiso ir, tenía trabajo y Joey se la pasa ocupado. Además, la abuela no podía faltar a la fiesta, no estará mucho, pero es la tradición.

—Entiendo —dije complacida—. y dime, ¿cómo te fue?

—¡Pues bien!, ¡gracias! ¿Y a ti? —respondió—. Carlos me ha dicho que no te ha dejado sola, viene por ti para almorzar.

Entonces recordé los almuerzos con Carlos, lo divertido que resultaba ser y lo bien que había pasado con él.

—¡Si!, ¡no me dejado sola!, ¡ha pasado por mí para almorzar estos días! —dije e iba a seguir con la conversación cuando llamaron a la puerta…

—¡Adelante! —contesté.

Lucy entro muy jovial, saludó, nos miró y tomó la palabra.

—Pasaba por aquí para confirmar nuestro almuerzo —mencionó dirigiéndose a Javier.

De pronto, el muchacho ahí presente, tenía clavada la mirada de las dos. Yo para no incomodarlo, disimulé dando la vuelta hacia mi escritorio y en seguida me puse a acomodar unos expedientes que tenía sobre la mesa, a media vos oí como él confirmaba la propuesta de ella y se despedían. Cuando al fin cerró la puerta, él se sirvió café y se aproximó hacia mí.

—¿Almuerzas con nosotros?

—No, no, no… A mí en sus líos no me metan, yo almorzaré con Carlos, pues tengo que verle y debo tratar un asunto sobre una conferencia que habrá para doctores la próxima semana.

—Sí, algo me habló de eso —me dijo con la taza en la mano.

—Oye —le reproché—. Y tú, ¿desde cuándo tomas café?

—Desde que tú me diste la tacita cuando nos conocimos, desde allí lo tomo, ¿pero no mucho eh?

—¡Ja, ja, ja, ja, ja, ja! Eres divertido —dije.

Él tomo un sorbo de su café y se dirigió a mí.

—Oye ese es poder de convencimiento —me dijo y volví a reír de manera divertida.

—¿Oye tienes pacientes?

—Pues sí, tengo en una hora más o menos.

—Oye quiero aclararte que entré Lucy y yo no hay nada, tú sabes que ella podría ser mi madre.

—Tranquilo amigo, tú no tienes que darme explicaciones, además tu vida es privada, no tengo ni que decirte nada.

—Si, tienes razón, es mi vida, pero quiero que sepas lo que pasa porque mi amiga —mencionó y colocó su taza casi vacía sobre mi escritorio y volvió a tomar la palabra.

—No quiero que nos alejemos como amigos, tu compañía es grata para mí.

—No, nos estamos alejando, tranquilo. Almuerza con ella —dije—. No sé qué a va esta relación de ustedes, pero ella obviamente quiere algo; si no sientes nada por ella, tienes que hacérselo saber, ya te lo había dicho.

Él no agregó más a lo que le dije y se fue un poco molesto. Yo no quería ser su amiga, solo quería que él me mirara de otra manera, pero parecía que a él solo le importaba mi amistad. La mañana no fue tan agitada, casi ya había terminado cuando sonó de nuevo la puerta de la oficina. Sin ver quiera, le era pedí que siguiera.

—Siéntese —dije sin levantar todavía la cabeza, estaba acomodando un menú para la paciente que acababa de salir—. ¿Dígame?

—No soy una paciente…

—Cielos —mencioné y levanté mi cabeza—. Doña Janeth, lo siento, estaba llenando este...

—Tranquila, sé que trabajas duro —me dijo y nos saludamos y luego ella siguió—. ¿Has visto a Javier?

—Bueno, estuvo aquí en la mañana, y ya —dije—. Después no lo vi, tenía cita para almorzar con la doctora Lucy.

—Gracias por querer a mi hijo, sé que tienen una bonita amistad. Él te quiere mucho.

—Sí señora, su familia en especial, todos han sido buenos conmigo —mencioné—. Sobre todo, por el apoyo que me han brindado, no tengo como pagárselo, nunca pensé ejercer y tener la oportunidad de poder estar en un ambiente así, con su familia, que me ha acogido como un familiar más.

—¡Ay hija!, eres como una sobrina para nosotros, todos te queremos —acotó ella—. Yo sé que en algún lugar de este país tengo más sobrinos por parte de mi hermana, imagínate que, quizás sea una o dos sobrinos más... No lo sé, la he buscado por todos lados.

—Sí, la búsqueda puede ser difícil, pero tenga paciencia, sé que quiere encontrarla y convivir con ellos —dije.

Entonces, ella no puedo esconder su rostro triste y una lágrima salió de sus ojos. Se puso de pie, nos despedimos y acto seguido, salió de mi oficina. Era una señora fuerte, de carácter y verla triste no era común. Sin embargo, siempre le daba su mejor rostro a las tristezas de la vida y sabía llevar los problemas, siempre con la frente en alto.

Carlos y yo almorzábamos en un establecimiento de comidas rápidas, en donde vendían ensaladas y hamburguesas, así que optamos por la primera, sentados unos frente al otro, comíamos nuestra ensalada acompañada con agua mineral. Él me veía y podía sentir un leve coqueteo conmigo, mientras me comentaba su trabajo durante esa mañana, pues no había la había tenido fácil, pero le gustaba su trabajo y se le notaba cuando hablaba de ello.

—Bueno Alex, sé que este no es el lugar, pero tengo que decirte lo que siento —agregó de golpe—. No puedo seguir mintiéndome, me gustas mucho, me atraes mucho.

Me quedé helada. No sabía que decir ni qué pensar. En el fondo sabía que esos almuerzos con Carlos no traerían nada bueno, pues mi corazón ya tenía dueño. Yo lo veía a él solo como un amigo. Qué momento tan difícil para mí, ya ni quería continuar el almuerzo. No sabía cómo podía reaccionar y él no paraba de hablar.

—Tienes que entender que es fácil quererte —me decía—. Eres dulce, una persona tierna y amable, trabajas duro y eso enamora… Sé que no es fácil, ya que Antonio acaba de llegar a tu vida y es probable que estés confundida. Pero entiendo eso, te daré tiempo. No te pido que seas mi novia, pues solo quiero que lo pienses, sin presiones. Soy un hombre práctico, pero sé dar tiempo y sobre todo que, en estos momentos no se puede hacer mucho.

—Carlos, yo no quiero lastimarte, en estos momentos no estoy un poco confundida —mencioné—. Carlos no voy a mentirte, Antonio no tiene nada que ver en todo esto, pero ocupó tiempo y te agradeceré que respetes ese tiempo.

No sabía si decirle la verdad, pues si le explicaba lo que sentía por Javier, la noticia explotaría como bomba dispersándose por toda la familia Lozano Oliva y qué pena para mí si entré Lucy y él había algo, pues yo sería la intrusa entre ellos. Ya había decidido que ese tema quedaría allí y no diría más…

—¡Oh! ¡Qué día tan duro! —me dije ya estando recostada en mi lecho, lista para descansar.

Capítulo N° 7

La fresca noche, el cielo estrellado y la luna llena que se reflejaba en las saladas aguas del inmenso mar, hacían más vulnerables mis sentimientos hacia Javier y todo en cuanto ocurría a mí alrededor. Al recordar la respuesta que le debía a Carlos, me ponía más nerviosa aún. Sin embargo, respirar esa fresca briza que hacía, me inspiraba a seguir allí, observando esa luna tan hermosa que había salido, gracias a ella se podía apreciar el ancho mar. Así me di cuenta que yo misma me había creado un ambiente melancólico y quizás las circunstancias lo apremiaban. Tanto tiempo en ese lugar me había puesto a reflexionar sobre cómo iba a manejar mi vida de ahora en adelante, el tema de Carlos y sus sentimientos, a quien le pensaba decir la verdad, pero le pediría discreción sobre el tema ante su familia, pues eso para permitirme un poco de sinceridad ante él y mi vida.

—Es increíble el sentimiento que te puede transmitir ese montón de agua salada, es el 75% de lo que rodea nuestro planeta y aun así se siente una paz al estar en frente, ¿cierto?

Me di la vuelta hasta quedar frente a Javier. El traje elegante que vestía esa noche lo hacía verse atractivo, tan irresistible. Sentía mi corazón estallar por dentro lleno de emociones hacia él, pues tenerlo frente a mí me hacía vulnerable.

—Hoy te ves bellísima Alex —dijo de nuevo.

—Gracias Javi, tú también te ves atractivo esta noche —mencioné pero ya no podía más con lo que sentía, me ponía nerviosa.

—¿Que sientes al venir aquí?, porque tengo entendido que vienes seguido, ¿verdad? —me preguntó.

—Pues, verás Javier, me gusta venir, me inspira, me atrae, siento tranquilidad y aparte de eso me ayuda a pensar, no sé, me gusta —dije y le sonreí.

—Eres dulce mi Alex, a la vez fuerte y decidida, te admiró, ¿sabes?

—Gracias, pero no siempre es así.

—Yo nunca te he visto triste o llorando.

—Mmm… Pero, no tengo por qué demostrarlo tampoco, pues una mujer siempre tienes esos sentimientos aunque no lo hayas visto.

—Bueno, bueno… Ya basta de charla —dijo—. Hay que pasar por la llavecita y el toallero para tus pies, que están llenos de arena y si sigo aquí, seré yo también.

Con mis sandalias de tacón y mi bolso en mano caminaba junto a Javier del brazo. Ambos íbamos sonrientes sin decir palabras, solo caminábamos. Luego de lavar mis pies, él me los secó y con la misma paciencia, me puso las sandalias. Sentir sus cálidas manos sobre mis pies me hacía volar y tocar la luna sin hacerlo. Después de ese momento tan tierno entramos en la mansión de sus padres. Los invitados no eran muchos, solo algunos familiares y los amigos más cercanos que no eran tantos. Todo el mundo conversaba con copas de vino o tragos en sus manos. La música era suave. Mientras Javier me dejaba sentada en un sillón, Joey se acercaba a mí para conversar.

—¿Oye quiero preguntarte algo? —me dijo él— ¿Javier y Lucy son novios?

—Pues no Joey, no sé nada, la verdad es un enigma para mí —respondí.

—¿Lo quieres verdad?

—Sí, lo quiero, es mi amigo.

—No, no, no —me atajó—. ¡Me refiero a que tú lo amas!

Mi nerviosismo fue obvio, «*¡Oh no!, ¡Me descubrió!*», pensé.

—Tranquila, nadie te ha descubierto, ¡bueno creo que solo yo! —dijo, me sonrió y me miró con complicidad—. Pero tu secreto está a salvo.

—¿Se me nota? —acoté y no tuve más remedio que aceptarlo frente él.

—No, no se nota, aunque no me creas, dude mucho en preguntártelo.

—¡Oh! ¡Joey perdóname sé que no debo!

—Y, ¿por qué no? En el corazón no se manda y me parece que tú eres una buena muchacha para mi hermanito, no siempre iban a ser mejores amigos.

Me gustaba conversar con Joey, así que él me hablaba y de pronto sin pensarlo interrumpí.

—¿Y sabes cuál es mi gran problema?

—¡Sí, lo sé! ¡Carlos te ha pedido que seas su novia!

—¿Cómo lo sabes?

—Él me lo confeso —me dijo—. Lo siento, soy su confidente, sé que te quiere, como también sé lo que sientes por mi hermano.

—Eres muy observador y bueno tienes razón, lo que siento por tu hermano es muy fuerte y sé que no puede ser, pero para mí es inevitable, es algo intenso y apenas puedo controlarme cuando lo tengo frente a mí, discúlpame por decirte esto, pero me inspiras confianza —mencioné.

Él me sonrió amigable y me contestó.

—No te preocupes, puedes confiar en mí, pues hemos aprendido a quererte, eres ya de la familia… Sin lazos sanguíneos claro, pero no veo por qué te prohíbes amar a mi hermano —mencionó—. Es algo natural, si Lucy y él tienen algo pues sí, guárdatelo… Claro, teniendo cuidado, recuerda que el amor también puede ser doloroso.

—¡Sí! —asentí con mi cabeza, más fresca y me sentía desahogada.

—Y con lo de Carlos, sé sincera con él, porque te quiere mucho y sé que entenderá tus razones, él es muy discreto, y ya… Deja de ver a Javier y Lucy, ellos solo conversan.

En efecto, ellos dos conversaban muy entretenidos mientras yo me preguntaba si había algo entre ellos.

—Discúlpame, es inevitable.

Lucy se veía bella con el vestido, color rojo vino, que había escogido, el cual hacía juego con su tono de piel bronceada. Llevaba unos hermosos zapatos de tacón plateados, que la hacían verse más elegante. Mientras estos conversaban, la doctora Paty se mantenía alejada de todo el mundo, callada y distante como siempre. Era una mujer de pocas palabras y era por algo que había pasado en su vida, algo que solo ella sabía. Se veía como una muñeca frágil de porcelana con su tono de piel blanca, ella no necesitaba mucho para verse bella y delicadamente, elegante.

—Un momento por favor —interrumpió mis observaciones el agasajado de la noche, todos volvimos a verlo al mismo tiempo.

—¡Vamos a hacer el brindis de la noche!

Y con un gesto pidió que sirvieran las copas. Sin embargo, antes de ello, se disculpó diciendo que iba al despacho por su discurso escrito que había olvidado, mientras seguían circulando las copas entre los familiares y amigos, incluido Antonio, quien había dejado su aparente riña contra Jessy pues ese día habían estado conversando sin discutir.

—¿No les importa si se los leo verdad? —preguntó sonriendo.

—Por favor tío, siempre los lees —exclamó Carlos.

—Vamos, hijo mío, lee de una buena vez —dijo y sonrió Doña Brigette, una señora elegante, bebedora y fumadora sofisticada.

—Gracias a Dios por un año más —dijo y continuo—. Gracias mis cuatro hijos porque sí Carlos, tú sabes que eres como mi hijo. Gracias mami por estar aquí, sé que no es fácil. Gracias Maggie por hacer feliz a mi hijo Joey y por esa bella nieta, a ver cuándo me dan más —volvió a sonreír—. Pero, sobre todo, gracias a mi esposa Janeth, el amor de mi vida, mi gran amor, tú me has dado felicidad y unos hermosos hijos, que has sabido educar. ¡Sé que no es fácil aguantarme! ¡Jajajaja! Y bueno, gracias a todos por venir a esta pequeña conmemoración, ya son parte de mi familia. gracias y pues brindo por un año más de salud y de éxitos al lado de esta bella familia. *¡Salud, hasta el fondo!*

—*¡Salud!* — contestamos todos y nos llevamos la copa a la boca hasta el fondo, como había dicho Alfredo.

Carlos estaba a mi lado cuando de pronto, dijo sentir un calor ahogante, me tomó la mano y se quejó más, dejándose caer al suelo botando espuma por la boca.

—*¡Carlos!* —grité—. ¡Una ambulancia por favor!

Lucy y Paty se acercaron a darle primeros auxilios. Todos estaban horrorizados, mirando la escena mientras mis lágrimas salían sin cesar. Las doctoras intentaron ayudarlo y alguien llamaba la ambulancia. Otros solo veían lo que ocurría y no podían creer que

Carlos estaba siendo declarado muerto en el acto. Janeth y Alfredo se arrodillaron en su lecho y gritaban horrorizados por él. Doña Brigette lloraba. No obstante, llegó una ambulancia llevándose a Carlos y los invitados fueron despachados. Los demás seguimos a la ambulancia en los carros particulares. Yo iba con Joey, pues su esposa se había ido con la niña a la casa. Javier se había ido con la abuela y le había dado un calmante; cuando por fin volvió, ya la ambulancia se había llevado a Carlos y las doctoras iban en compañía de Janeth y Alfredo. Entonces Javier me abrazó fuerte y me susurro al oído.

—¡Ay amor mío, él es mi hermano! —mencionó.

No dije nada, solo le correspondí al fuerte abrazo y no paraba de llorar.

—¿Me llevas al hospital?

Joey conducía, mientras que Antonio y Jessy se habían quedado cuidando a la abuela. Armando iba con nosotros, por lo que Javier me tenía prisionera de sus brazos en la parte trasera del auto. Mi mente iba abatida. No quería sentir dolor pero estaba ahí, el dolor estaba ahí. Carlos era mi amigo y lo quería. Todos le queríamos, de diferentes maneras. Cuando por fin llegamos a uno de los hospitales privados de la ciudad, nos encontramos a Janeth ahogada en lágrimas. Joey y Armando la abrazaron.

—¡Ay muchachos!, Carlos esta… —mencionó, pero no terminó la frase porque rompió en lágrimas y sus lágrimas eran tan contagiosas que intranquilizaban aún más mi alma.

—¿Y de que murió? —pregunté al fin.

—Dicen que fue de un paro cardiaco.

—¿Pero le harán autopsia verdad? —preguntó Joey entré lágrimas.

—¿Para qué? —dijo Lucy, incorporándose al grupo—. ¿Crees que le paso algo?

—¿Pero un paro cardiaco? Es doctor, por favor —dije indignada—. Carlos era un hombre sano, yo no creo el haya muerto de paro cardiaco.

—Sí, yo opino lo mismo que tú Alex, que le practiquen la autopsia —dijo Janeth.

—Pero mamá, ¿tú también te vas a poner en ese plan? —dijo Javier apoyando a Lucy.

Entonces inmediatamente me separe de él, que en ese momento aún me abrazaba.

—¡Sí, claro!, ¡si hijo! —contestó ella.

—Pero es el colmo, Alejandra —dijo Lucy—. Piensen, esa autopsia se demorará por lo menos quince días.

Ella usaba ya una bata blanca, pues era su centro de trabajo. Javier se aproximó a ella hasta quedar a su lado.

—Creo que Lucy tiene razón, es que sufrirás más madre.

Janeth ignoró a su hijo y a Lucy. Con el semblante desencajado se aproximó a su esposo.

—Alfredo, por favor —mencionó—. Da la orden de que se le practique la autopsia a Carlos, no me importa si se tarda un mes, lo importante es que se sepa la verdad y si la verdad es la idea del paro me quedo con más tranquila… Pero quiero saber y no quiero más discusiones sobre el tema.

—Si, amor… Tranquila —agregó—. Yo también había pensado en hacérsela, ahora vuelvo.

Mientras Alfredo se alejó de nosotros, Javier me miró con ira. Y sin pensar, estalló en mi contra.

—¿Qué pretendes? —me gritó—. ¿Hacer sufrir más a mi madre con tu estúpida teoría?

—Ya Javier… Solo tú y Lucy no están de acuerdo con eso —dijo Joey—. Así que dejemos eso así que ya se está haciendo la orden, será mejor de te tranquilices.

Todos lo miramos, estaba más enojado y expresivo, dicho esto se llevó a la madre para otra sala. Mientras tanto Javier seguía dándome de azotes con sus groseras palabras

—¡Ahora mi madre sufrirá por tu culpa! —me gritaba.

—¡Basta ya!, me cansé —grité—. No voy a permitir que descargues tu furia conmigo y mucho menos en un hospital. Entonces dicho esto me alejé, me acomodé en un sillón que se encontraba solo y Armando me siguió, solo me abrazó.

—Iré a agilizar un poco las cosas —alcance a oír que Lucy le decía a Javier, quien solo asintió con la cabeza y comenzó a pasearse por toda la sala de un lado a otro.

El reloj casi marcaba las cuatro de la mañana cuando Joey volvió y converso con Javier. No sé qué se dijeron pero él fue en dirección a donde se encontraba la madre.

—¿Cómo se sienten? —nos preguntó Joey.

—Más o menos bien —dijo Armando—. Es dificil esto hermano.

—No, Armando, ¿sabes? Ve con mamá, llévala a la cafetería por té que yo me quedo con Alex. —dijo y él se levantó de mi lado y Joey ocupo su lugar.

—Me contó Javier sobre la confrontación que hubo entre ustedes.

—Sí, me imaginé.

Entonces Lucy apareció por un pasillo preguntando por Javier. Joey le explico que se había ido a la cafetería con Armando y la madre de estos.

—Creo que ellos son novios Alex —mencionó—. Es que se defienden entre ellos.

—Sí, ya lo suponía —agregué—. Bueno, tranquilo que ya me había propuesto olvidarme de él… Es más, me alejaré poco a poco.

—Bueno, no es fácil —acotó—. Javier es un poco complicado, pero si se trata de olvidar, lo siento, pues créeme que me gustabas para mi hermano.

Alfredo y toda su familia salieron cabizbajos.

—¡Vámonos hijos! Esto se tardará una semana, fue lo menos en tiempo que pudimos arreglar con el forense que enviaron de la jefatura.

Todos volvimos, cada uno a sus casas. Todos estábamos desvelados y acongojados por lo que había pasado. El domingo fue un día triste, pues había dormido hasta tarde. Me sentía culpable por lo de la autopsia, debido a que quizás Carlos sí se había muerto por un paro cardiaco. Además, el sufrimiento de ver a Carlos con sus ojos cerrados otra vez era parte de ello. Comenzando por la abuela, esa señora mayor de edad y Alfredo, ya ni sabía que pensar. Javier estaba enojado conmigo y tenía a Lucy y hasta a Paty de su lado. Así de triste transcurría la semana, con días lentos y difíciles, tenues y pesados. Cada miembro de esa familia llevaba el dolor de distinta manera. En el trabajo era toda una máscara con los clientes, pues tocaba ser amable y llevar el seguimiento de sus dietas. Javier, por su parte, casi ni se había parado por el gimnasio y cuando lo hacía no me hablaba, mandaba su secretaria. Sin embargo, sí había notado que almorzaba a diario con Lucy, pero no podía hacer nada. Él estaba molesto conmigo y yo no tenía ganas ni de disculparme ni de hablar con él, ni mucho menos de toparme con ella. Me sentía culpable y más lo sentiría cuando entregaran el cuerpo de Carlos para ser sepultado. No obstante, tenía que asumir mi responsabilidad y tratar de sobrellevar todo con calma. Por mi parte, había aprendido a llevar mi almuerzo al trabajo y los días que salía temprano me iba a leer a la casa, bajo el árbol del patio. Por otra parte, los días que tocaba ir a los demás gimnasios, evitaba encontrarme con alguien de esa familia. Me sentía un fenómeno, pero también sabía que si mi teoría era cierta, se abriría una investigación sobre la muerte de Carlos.

Capítulo N° 8

Era un viernes lluvioso, melancólico y triste, lleno de la aparente nostalgia que causaba la ausencia de Carlos. La bella ciudad había amanecido cubierta por la lluvia. Ese día, muy temprano, habían hecho un citatorio para esa tarde en casa de Janeth y Alfredo. «Quizás es para acomodar el acta fúnebre de Carlos», pensé. Entonces, me apresuré a terminar temprano mis labores para ir a la mansión Lozano Oliva. Eran las tres de la tarde y en todo el día no había parado de llover; a causa de ello, hacía un poco de frio y era necesario andar abrigada.

La nana de la familia me había atendido y me había conducido hacia el despacho de la casa, donde ya casi estaban todos. Javier y Lucy eran los únicos faltantes. Entonces me dirigí hacia ellos y los saludé a cada uno, hasta quedar sentada a la par de Armando. Dentro del despacho había una persona, que se me hacía más un extraño. Era flaco, alto y de piel canela. Estaba vestido de manera casual y aparentemente no había sido presentado aún. Alfredo, por su parte, tenía cara de pocos amigos, al igual que el extraño ahí presente. Por otro lado, todos en la sala vestíamos de negro o de colores oscuros, haciendo honor al luto que llevábamos. El silencio fue catastrófico por casi cinco minutos… De pronto, Javier y Lucy entraron de súbito, saludando en general a todos. Alfredo los ubicó en otro sillón y luego se dirigió a todos los presentes, con un tono serio y casi enfadado.

—Buenas tardes, les presento al detective Lara —dijo Alfredo—. Él llevara el caso de Carlos.

—¿Caso? —preguntó Javier.

Todos quedamos en shock y nos miramos la cara los unos a los otros y luego al detective ahí presente.

—Sí, hijo, el caso de envenenamiento de Carlos, en otras palabras, el asesinato de mi sobrino. Gracias a Alejandra que sugirió la autopsia y a Joey que, en medio del desorden y la angustia, guardó la copa que contenía el veneno que acabó con la vida de mi niño, ¿no es así detective?

—Así es, señor Lozano, el doctor murió a causa de un envenenamiento en la copa de champagne que se sirvió ese día, el cual a simple vista hace parecer que la víctima muere de un ataque al corazón —dijo—. Además, es muy difícil de detectar en la sangre… El asesino está entre ustedes, así que nadie puede salir de la ciudad, ni del país, incluyendo a las dos muchachas que estaban de servicio ese día. Se les interrogará a todos, uno por uno. Asimismo, espero que cooperen sin ningún problema.

Janeth lloraba, estaba desconsolada. Ella y Doña Brigette se consolaban la una a la otra, mientras los demás nos mirábamos con desconfianza, asustados de lo que acababan de decir y quizás hasta preocupados algunos. Sin pena ni pudor, nos observábamos, quizás curiosos de escudriñar los pensamientos de los demás.

—Comenzaré con la doctora que dio la idea de practicar la autopsia de la víctima —mencionó el detective.

Entonces me puse de pie mientras el mismo detective le pedía a los demás que esperaran fuera del despacho. Cuando todos habían salido me senté y esperé por su interrogatorio. Por su parte, él había tomado su libreta y un bolígrafo. Se puso de pie y comenzó con una serie de preguntas que me hacían volver a los días anteriores donde Carlos y yo nos llevábamos bien. Después de dictarle mi nombre completo, se dirigió a mí.

—¿Qué relación tenía usted con la víctima? —cuestionó.

Entonces le vi a los ojos para contestar ya muy tranquila.

—Era mi amigo —dije.

—Tengo entendido que él la pretendía y que le había pedido que fuera algo más, ¿o me equivoco?

—Veo que sabe usted mucho de mi vida.

—Y la de todos señorita… Ese es mi trabajo, así que limítese a contestar —dijo enfurecido.

—Tiene razón —contesté—. Él me pidió que fuera su novia, a lo que yo le respondería que no.

—Y, ¿por qué le diría que no?, ¿no llego a contestarle?

—No, no le di una respuesta, pues no sentía amor por él, solo cariño de amigos, ¿comprende?

—Comprendo, ¿está usted enamorada de alguien más?

—Me parece que eso a usted no le interesa, así que le voy a pedir que se limite a preguntar lo referente al caso —dije, pues me enojé y sin pensar agregué—. ¿Qué tiene que ver esto en el caso de Carlos?

—¿De qué hablaba con el cuándo se encontraban para almorzar?

—Cosas triviales: la familia, su trabajo y el mío, además de la posibilidad de conseguir unas horas en el hospital público para ejercer.

—¿Le había comentado de algún enemigo?

—No, la verdad nunca habló de que tuviera algún enemigo o existiera alguna otra persona que quisiera hacerle daño.

—Y dígame señorita, ¿qué la impulsó a sugerir la autopsia de la víctima?

—Soy nutrióloga y sé por la amistad que tenía con él, que estaba muy sano; además, su dieta yo la seguía muy de cerca. Él, por su parte, también hacía ejercicio de vez en cuando.

—¿Qué sabe usted de la relación que sostuvo con la Dra. Lucy años atrás?

—Nada, la verdad, pues él nunca me hablo de eso. No creo que haya sido de mucha importancia.

—¿Y sabe por qué ellos terminaron la relación?

—No —dije—. Pero imagino que todo termina, ya le dije que él no me comento nada de esa relación.

—¡De acuerdo!, ¡gracias! —agregó—. Yo le comunico si necesitara hacerle más preguntas, pero por el momento he terminado con usted; puede retirarse y hacer pasar a Joey Lozano, gracias.

Entonces hice pasar a Joey. Sin embargo, por mi parte, me sentía estresada y cansada. Pero no era por las preguntas, pues no las considere tan tediosas, quizás era porque no tenía nada que esconder. Por otro lado, los que estaban en la sala de estar me veían con asombro, pues pronto sería su turno en el interrogatorio. Así que no estaban exentos de esa situación. Asimismo, Lucy y Javier siempre paraban juntos y yo no les quería ver, no quería sentirme más mal de lo que ya estaba.

—¡Alejandra!, ven por favor —me llamó Alfredo.

—¡Sí!, ¿dígame? —contesté.

—Ya estoy libre, ¿puedes acompañarme a la funeraria donde se harán los actos fúnebres de Carlos? Quiero hacerme cargo de eso personalmente.

—¡Sí, señor, vamos!

Mientras íbamos en el auto, todo estaba en silencio. Por mi parte, no tenía ánimos de hablar y suponía que él tampoco. Las calles estaban siempre llenas de peatones y coches, moviéndose para todos lados; la cuidad tenía mucho movimiento y aunque no había parado de llover, eso no evitaba que las personas hicieran sus mandados, acobijados debajo de las sombrillas. Sin embargo, la ciudad aún lloviosa, lucía bella, era un lugar hermoso, lleno de luces y bulla. Los pájaros volvían a los árboles donde pasaban la noche, se podía escuchar el canto alborotado de los mismos, era realmente precioso ver cómo esas aves causaban tanta algarabía día a día. Al llegar a la funeraria, Alfredo hizo lo que tenía que hacer. Escogió lo que sería la última morada de su sobrino, mientras mis lágrimas rodaban, pues nunca me imaginé estar ahí, con ese señor escogiendo un ataúd para Carlos, para nadie en realidad, pero estaba pasando y solo podía ahogar mi dolor. Me sentía sola, casi ni a Jessy veía, ni mucho menos a Antonio, pues estos se la pasaban juntos en sus jornadas de trabajo.

De regreso a la casa de los Lozano nos dimos cuenta que los interrogatorios continuaban. Joey y su esposa ya se habían marchado y yo no había tenido tiempo ni de armar mis propias conjeturas acerca del posible asesino o asesina de mi amigo. ¿Quién podía ser? y ¿por qué? No podía ni imaginar quién tenía la sangre tan fría como para hacerle daño a una persona tan buena y amigable. Era un misterio que no podía de cifrar.

—Alejandra, ¿puedo hablar contigo?

—Claro Javier, dime —contesté.

Entonces nos alejamos del grupo que esperaba a ser interrogado. Este tomó mis manos y se dirigió a mí.

—Por favor, discúlpame, discúlpame —mencionó y me miró preocupado.

—No, no tengo nada que disculparte... Es normal que reacciones así, pues no es fácil estar en la situación de ustedes como primo de Carlos —dije y rescaté mis manos de las suyas, luego me di la vuelta para salir corriendo.

—No te vayas, escúchame por favor —dijo.

De esa manera, me detuve en seco.

—Estaba cegado por el dolor —continuó y caminó hasta quedar frente a mí—. Discúlpame por favor.

—Ya te dije que no tienes que disculparte.

—Sí, pero te hablé terrible, te traté mal —dijo—. Eres mi amiga, no debí hacerlo, debí confiar más en ti.

—Sí, tranquilo, somos amigos y como amigos comprendo tu posición, así que tranquilo —mencioné firme—. No tengo nada que disculpar.

—Gracias mi Alex, te quiero mucho —dijo y acto seguido me abrazó y me dio un beso en la mejilla.

Sin embargo, nos separamos cuando escuchamos la voz de Lucy.

—Perdón, ¿interrumpo? —dijo ella.

—Claro que no, Lucy —mencioné.

—¿Se han reconciliado como amigos? —preguntó ella.

—Sí, mi amiga y yo, somos amigos de nuevo, ¿te han interrogado ya? —le preguntó.

—Si, ya he terminado, debo confesar que este detective es loco, hace unas preguntas raras —agregó y sonrió ella.

—Quisiera saber quién tiene el corazón tan terrible para cometer una atrocidad de tal grado contra mi primo —dijo Javier.

Ambas nos quedamos mirando con desprecio y Lucy atacó.

—Dime, Alejandra —acotó Lucy—. ¿Él y tú eran novios verdad?

—No —exclamé—. Éramos amigos.

—Pero ¿tengo entendido que él te pretendía? —volvió a preguntar.

—Sí, es verdad, pero nunca hubo nada entre él y yo.

—No sabía eso —apuntó Javier y dijo de nuevo—. ¿Por qué no me dijiste?

—Nunca tenías tiempo para almorzar conmigo de nuevo, además, siempre estabas discutiendo conmigo…

—No te cohíbas —dijo él con determinación—. Lucy es mi amiga también, así que puedes decir lo que quieras frente a ella, no tenemos ningún tipo de secretos.

—Eres un soberbio, yo no tengo porque darte explicaciones de lo que haga con mi vida. Con permiso —dije y salí molesta hacia afuera, echando rayos por todos lados.

—¿A dónde vas? —dijo una voz.

—Jessy —exclamé—. Voy a casa a vestirme, la funeraria estará lista para el velorio en una hora.

—¡Antonio, vete con Antonio!

—Sí, te esperamos allá.

Jessy se veía apenada con Antonio y no era para menos. Él acababa de llegar y ya era parte de los sospechosos del asesinato de un miembro de su familia. Todos lo éramos; sin embargo, él era tranquilo y pasivo, era el más limpio de todos y el que menos motivos tenía para hacer un movimiento de esos. No hubo conversación interesante entré él y yo, solo trivialidades sobre mi madre y mi padre, además de su evolución y su labor con su equipo de trabajo.

Cuando llegamos a la funeraria, estaban todos allí, incluso Jessy, quien no se había cambiado de ropa. Había amigos y familiares en el velatorio del buen Carlos. Los rostros de dolor y tristeza embargaban el ambiente y no era para menos, pues habíamos perdido a un ser querido y amado por todos los ahí presentes. ¿Quién quería verle muerto? ¿Quién era tan despreciable como para introducir veneno en la copa de él? Todos nos hacíamos las mismas preguntas, hasta el detective que andaba por ahí, vigilando todo y a todos los presentes. Para él todos éramos los asesinos en ese momento, pues a todos les creaba un motivo para hacerlo; después de todo, era su trabajo.

El ambiente en el funeral era evidente. Quizás no con las lágrimas desgarradoras, pues no se trataba de un sorpresivo funeral. Ya había pasado una semana del deceso y aunque dolía, aún se sentía su ausencia, además de los sollozos y lamentos tenues. Alfredo estaba al igual que el detective, atento a cualquier acontecimiento que pudiera pasar. En general, todos lamentábamos la muerte del Dr. Carlos Lozano.

—¿Alejandra podemos hablar? —dijo y se acercó Armando a mí.

—Sí, dime —mencioné.

Entonces se acercó a mí con curiosidad

—Tú que eres la mejor amiga de Javier, quiero preguntarte algo —agregó—. ¿Sabes si él y Lucy andan al fin? Pues le vi un poco molesta

—No lo sé, Armando, eso no lo sé, él y yo estamos distanciados desde hace un tiempo ya, ¿tú que crees? —le pregunté.

—Bueno en la familia ya se cuestionan eso, yo solo investigo.

—Bueno y si quieren saber, ¿por qué no le preguntan a él directamente?

—¿De qué hablan? —se acerco Antonio

—¡Oh!, Armando ve esto, estamos juntos después de tanto tiempo, los tres mosqueteros —exclamé para olvidar el tema anterior y evitar contestarle la interrogante a Antonio

—Cosas del destino, mí querido Armando —apuntó Antonio.

—Sí —dije—. Y ahora somos sospechos de un confuso crimen.

—¿Por qué confuso Alex? —preguntó Armando.

—Sencillo, mi querido Armando, puede que la copa no fuera dirigida a Carlos, ¿han contemplado esa posibilidad? —apunté.

—Siempre tan curiosa, ¿verdad tierna? —dijo Antonio, quien seguía llamándome *tierna* después de tanto tiempo.

—No Antonio —mencionó Armando—. Ella tiene razón, pudo haber sido para cualquiera de la familia. Para mí, por ejemplo.

—Hola, chicos, ¿cuál es el tema? —interrumpió Jessy.

—Realizamos un análisis Jessy —continúo Antonio—. De todo lo que ha ocurrido.

—¿Ah sí? —dijo ella—. Bueno, la verdad es que todo está confuso y el detective no llega a ninguna conclusión. A todos nos tiene nerviosos.

—Bueno, sí…

Antonio me miró e intervino.

—Alejandra, ¿qué te parece si tú y yo vamos a cenar mañana? —dijo.

Entonces miré a Jessy y Armando.

—Sí, está bien mañana, podemos cenar.

Ese sábado triste se enterró a Carlos, pues la familia decidió no esperar más. Ya era dolor suficiente el solo hecho de estar en medio de una investigación a causa de un crimen. Carlos ya pertenecía a otro mundo, un mundo sin retorno, pero sí de descanso y tranquilidad eterna. Quizás él no debía estar allí. Quizás era para alguien más ese veneno y por error le había tocado a él. *«Cosas del destino»*, decía Antonio.

Capítulo N° 9

—Y bien… ¿Cuál es el tema? —pregunté a Antonio mientras él conducía el auto de Jessy en dirección al restaurantee.

—¡Varios! —exclamó— Pero hay uno central.

—Te conozco y sé que nunca te andas con rodeos, sé que no hemos hablado mucho y que hay varios temas que tenemos que tratar pero, ¿el tema que quieres tratar es actual verdad? —le dije.

Él siempre con la vista, fija en frente, contestó.

—Sí

—¿Jessy o Javier? —pregunté de nuevo.

—¡Ambos! —y minoró la velocidad.

—Sabes, conozco cuando dos personas discuten por nada y estoy segura que tú y ella desde hace tiempo se aman… Como dicen: "del amor al odio hay solo un paso", y muy corto —le dije con sonrisa irónica.

—Deja tus ironías para otro momento. Ella me encanta, me he enamorado de ella como un loco, pero juega conmigo. A veces parece que le gusto y a veces parece que me odia, pero así es como yo estoy por ella… Sé también que Javier lo está por ti y si no les damos un empujoncito, jamás van a dar su brazo a torcer, así como dices tú, sin rodeos te propongo un plan. —y sonrió de manera maliciosa.

—¿De qué se trata? —pregunté.

—Bueno, que finjamos que hemos vuelto a ser novios, pero solo en apariencia —mencionó—. Sé que Javier, en poco tiempo, se sentirá celoso con el simple hecho de que yo ya esté aquí. Eso lo pone mal y bueno esto fue lo que me dio esta brillante idea.

Quede atónita, por lo que acababa de decirme, pues me sentía burlada.

—Yo creo que se te zafó un tornillo —dije.

Él sonrió y yo me confundí más. Antonio era guapo, sin dudarlo, sus labios eran carnosos y rojos. Sin duda, podían hacer que cualquiera perdiera la razón. En su momento, yo la había perdido por él y me había dolido la separación de ambos, pero nada que el tiempo no pudiera curar, pues ahora sentía esa locura por Javier.

—Eres una mujer fascinante cuando haces bromas, ¿aceptas o no? —dijo en tono seco y frenó el auto.

—Por favor Antonio, estás loco de verdad —agregué—. Yo no voy a fingir algo que no quiero hacer, además, Javier anda muy cerca de Lucy y yo no quiero intervenir en su relación. Definitivamente estás perdiendo la cabeza, además si tanto te interesa Jessy por qué no simplemente te declaras y ya… Llévala a cenar y dile lo que sientes.

Entonces puso de nuevo el auto en marcha, pues ya estábamos por llegar y antes de bajar del auto se dirigió a mí.

—Vamos a ver si funciona. Si no pasa nada, te prometo que de la manera más cursi, me le declaro a Jessy.

Bajé del auto sin decir nada. No quería hacerlo, no era correcto, se lo diría una vez adentro del restaurantee. Eso no pasaría, Javier y Jessy estaban sentados en una de las mesas al interior del local de comida china.

—¡Oh!, ¡cielos! —exclamé casi furiosa—. Sabías que estaban aquí.

—Te aseguro que no —exclamó—. Pero mejor así, vamos y nos divertimos un ratito.

Me dirigió más a la fuerza hacia la mesa donde se encontraban ellos. Javier se veía intrigado y Jessy estaba muy tranquila. Antonio con un tono cínico dijo que los acompañaríamos, ella solo asintió y Javier se molestó un poco. Me acomodé en una silla y Antonio en la otra.

—¿Ordenaron ya? —preguntó Antonio de nuevo.

—Bueno, aún no, pero ya no tarda el camarero en tomar la orden —respondió Jessy.

Y en poco tiempo, el camarero rompió el silencio y tomó la orden de todos ahí presente. Jessy pidió vino para todos ahí presentes, al final de la orden.

—¿Cómo estás tierna? —me preguntó Javier.

—¿Tierna?, ¿qué es eso de tierna? —mencionó Antonio—. Solo yo le digo así a Alejandra; ella y yo ya retomamos nuestra relación de nuevo.

Este sonrió y espero la reacción de Javier.

—¿Ah sí? —dijo y me miró Jessy.

Por mi parte, no sabía que decir, me sentía abrumada y confundida, ese juego no me gustaba pero tampoco sabía cómo enfrentar la situación y ponerle fin.

—Está bien, rebelde Alejandra —se enfureció Javier.

—¡Si me disculpan!… —dijo Jessy y se puso de pie en dirección a los sanitarios.

Antonio la siguió.

—¿Así volviste con él? —me miró Javier muy molesto.

—Tú andas con Lucy —repliqué—. Qué más da.

Él se puso de pie y se postro ante mí, tomando mis manos y con ternura, me miró casi de manera suplicante.

—No continuemos peleándonos entre nosotros, te lo suplico —dijo mientras sus cálidas manos suaves hacían mi corazón palpitar.

Aquello me ponía más nerviosa, sentía mi sangre hervir, sentía que el corazón se iba a salir de mi cuerpo, no podía controlarme, por lo que me separé de él.

—¿Te ocurre algo verdad? —preguntó de nuevo—. Dime lo que sea, voy a comprenderte.

—Hay Javier, quizás es lo de Carlos… Todo es muy reciente, estos días han sido muy difíciles y tristes; apenas hoy enterramos a tu primo.

—Bueno la verdad es que todo ha sido difícil para todos… Pero aparte de eso, ¿hay algo mas verdad? Eres mi amiga, Alejandra, te conozco y sé que hay algo más —agregó y quiso saber.

—También te considero mi amigo, pero eso no quiere decir que te oculte algo, así que deja de especular —mencioné, pues quise explicar para no ser yo quien le dijera que me atraía—. Tranquilo, por muchas diferencias que hallan entre los dos, nunca dejaremos nuestra amistad.

Él se sentó de nuevo, pero esta vez acerco la silla a mí. Con sus ojos fijos en los míos, suspiro.

—Está bien, voy a hacer de cuenta que tu dolor es más por lo de Carlos y lo difícil que han sido estos días para todos.

—Gracias —dije—. Gracias por ser especial para mí.

Su mano derecha apartó el cabello que me caía sobre la cara y sonrió, para luego tomar la palabra.

—¡No mi niña!, soy yo quien te da las gracias, por ser especial y enseñarme tantas cosas maravillosas —mencionó él.

—¡Disculpen! —interrumpió el camarero, que traía un papel dirigido hacia mí.

—¿Qué es? —preguntó él.

Cuando el camarero se había retirado comenté.

—Antonio dice que se fue con Jessy —le indiqué—. No dice más, solo que me lleves a la casa.

—¡Ese par! —exclamó—. Pero bueno, tú y yo vamos a cenar tranquilos y al rato nos vamos, ¿qué dices?

Él sonrió de manera jovial, refrescando el momento, que tanto hacía falta, debido a que ya llevaban varios días en que no estábamos solos compartiendo. La cena se hizo y se trajo servida. La ensalada vino primero y para el plato fuerte nos trajeron un pollo cantonés para ambos, además del vino que había ordenado Jessy. Conversamos de muchos temas, pero sin tocar el tema de Lucy o de Antonio. Entonces recordamos a Carlos y el hecho de que ya hace días no leíamos juntos y de muchas cosas más. Estar juntos y solos me hacía olvidar todos los problemas que existían alrededor, a nuestro alrededor, como las investigaciones en torno a la muerte de Carlos. Al terminar la cena, decidimos volver a la casa de Jessy.

—Aquí estaremos más tranquilos y conversaremos mejor, ¿quieres bailar? —dijo poniendo música suave.

Le miré y sonreí. Los ánimos eran mínimos, pero al verlo ahí moverse solo con la música de fondo, me apunté a seguirle. Entonces me abrazó fuerte y con mi cabeza en su pecho nos empezamos a mover al ritmo de la música suave y lenta. Cuando terminó la canción, sentí sus manos sobre mi cintura, separé mi rostro de su pecho y le miré a los ojos y en esa proximidad, su nariz jugo con la mía. Rozo mis labios con los suyos y sin dejar de verme a los ojos, esto nos impulsó abrir la boca para cerrarlos en ese tan esperado beso, tierno primero y luego apasionado. Ese beso que despejo de mi mente y de mi corazón toda duda y hacia más evidente mi loco amor. Sentirlo cerca me hacía feliz, aunque no sabía que significaría ese beso para él. Su nariz volvió a jugar con la mía y sus ojos permanecían aún cerrados en medio de aquella debilidad pasional a la que me tenía presa. Sus labios besaron mis ojos, uno primero y el otro después. Luego, volví en mí, recordando la relación que él sostenía con Lucy. No podía seguir ahí junto a él, entonces casi de manera brusca, me separe de él, quien asustado al verme, me preguntó.

—¿Qué pasa?

—Javier por favor vete… —repliqué con furia.

—Pero ¿qué pasa? —se veía confuso.

—¿Tú?

—¿Yo qué?

—Maldición… Vete, ¿por qué me besaste? ¿Por qué? ¡Oh cielos! Andas con Lucy, tienes una relación con ella —dije y esta vez le grité con furia, pues sentía mi sangre hervir. No sabía y el fuego que me quemaba era por el reciente beso o por el enojo de sentirme burlada.

—Te juro Alex… ¡Oh! ¿Qué nos pasa? No siempre las cosas son así…

—¿Así cómo? Vete por favor, vete… —le grité con más fuerza.

Entonces, no le quedo más remedio que irse, no le dejé explicarme nada. Por mi parte, yo me sentía aturdida y me senté en un sillón, pero justo en ese momento entraron Antonio y Jessy haciendo preguntas.

—¿Qué paso? Vimos a Javier muy apresurado salir en su coche

—¡No quiero saber nada de Javier! —dije furiosa y era evidente.

—¡Oh cielos! Alejandra, no me digas que tú y Javier no aprovecharon el momento —explotó Jessy.

—¿Qué? —sentí como una fuerte bofetada— ¡Oh no! No, no… Tú estabas confabulada, ¿Jessy tú?

—¿Y qué creías? —explotó Antonio.

—Y cómo se atrevieron tú y Antonio, hasta te inventaste un supuesto plan… Sus discusiones… ¿Era así como te dije?

No esperé respuesta y me fui a mi recámara, muy molesta. No sabía que pensar ni qué hacer. Todo estaba confuso, pero también tenía que reconocer que hasta Jessy estaba de acuerdo en que el sobrino y yo entabláramos una relación, cosa que quizás no me disgustaba; sin embargo, tampoco tenían derecho a meterse en ese asunto. Lloré tanto que me quedé dormida. No sabía por qué lloraba, si de rabia o porque no le había dado la oportuniad de explicarse a Javier. Si era real o no ese beso, no quería que jugara conmigo y menos con Lucy, ninguna se lo merecía. De lo que si estaba segura era de que el amor que sentía por Javier ya no era un secreto, debido a que se volvió público, más de lo que yo misma imaginaba. Entonces era un hecho, yo estaba enamorada del sobrino de Jessy, lo había confirmado con ese beso, que horas antes nos habíamos dado. No obstante, con que sé estaba muy de acuerdo era con que tenía que olvidarlo y sacarlo de mi corazón, de la misma forma que había superado lo de Antonio ya hace un tiempo.

Capítulo N° 10

Los días transcurrían rápido. El lunes era de trabajo pesado; luego el martes, di gracias a Dios que no había visto a Javier, menos a Jessy o a Antonio. No quería verlos, los evitaba, pues todavía me sentía algo molesta. Deseaba ver a gente nueva, oír y sentir un ambiente distinto, para olvidar a Javier como diera lugar, o quizás solo me ahogaba en un vaso de agua. Con el paso de los días me sentí más recuperada de la muerte de Carlos y trataba de no pensar en Javier, solo trabajar y que todo pasara. Los viernes eran de menos trabajo y ese viernes no era la excepción, debido a que pensaba salir temprano para ir a recostarme en la casa. Sin embargo, el teléfono de la oficina sonó antes de que saliera. Era Janeth, que me llamó para reunirnos y reubicar un nuevo plan alimenticio que estaba por implementarse en los gimnasios. De esa manera, me fui a la casa a vestirme y salí en taxi para la casa de los Lozano Oliva. Como siempre la nana de la familia me recibió con una sonrisa muy amable.

—Quédate aquí —me dijo llevándome al jardín.

Ahí yacía un juego de sillas, alrededor de una mesa de metal. El jardín era inmenso y albergaba bellas flores de muchos colores, que lo hacían más precioso aún. Aunque mis ánimos estaban un poco cabizbajos, aquello no impedía que admirara la artesanía con la que estaba elaborado ese lugar.

—Janeth está con una visita muy especial —dijo dirigiéndome a mí la nana—. Ya le aviso que has llegado.

Sentía el aire fresco que se respiraba. Al fondo del jardín pude admirar unos diez árboles de caoba, ya adultos, que se observaban bellos. En ese punto, ya no había mucho pasto, solo los árboles creciendo salvajemente. Dejé mis cosas en la mesa y caminé hacia ese fondo mágico. Era bello ver que, en medio de la ciudad había tal espacio con esos árboles allí plantados, donde se podía escuchar el cantar de los pájaros. «Qué belleza», suspiré.

—Dra. Alejandra, ¿cómo está usted? —dijo alguien que me hablaban por detrás.

—¡Detective Lara!, no me diga que, ¿ya descubrió al asesino de Carlos? —pregunté de manera escéptica.

—Pues, sí, déjeme contarle que sí y precisamente vengo de hablar con Don Alfredo Lozano, él les informara.

—¿Ya que está aquí podría decírmelo no?

—¡No veo por qué no! —mencionó—. Verá, su estimado doctor tenía una enamorada, una muchacha del servicio de aquí de esta casa, cuyas huellas estaban en la copa y lógicamente, también las huellas de la víctima. Cuando la buscamos nos encontramos con que se había suicidado en su casa, dejando una nota en donde explicaba que la víctima nunca le había correspondido a su amor y por esa razón, lo había matado —dijo en tono triunfal.

—Me parece raro que él estuviera en esa situación y que no se la haya comentado a nadie, ni a mí.

—Bueno, las cosas pueden pasar de una forma misteriosa.

—Pues gracias detective por su buen servicio —le dije con ironía, pues me parecía increíble que Carlos fuera víctima de un crimen pasional; sin embargo, tampoco era detective y quizás sí se había centrado la situación tal cual la había señalado el detective o quizás la copa no era para Carlos. Pero cómo indagar en eso. Nadie parecía sospechoso de ese crimen o al menos eso era lo que yo creía y luego estaba la empleada…

El detective se había marchado, no fue mucho lo que tuvimos que ver, debido a que las huellas en la copa apuntaban a la empleada, pero y, ¿si ella fue obligada? ¿Y si la mataron e hicieron que pareciera un suicidio? Solo había que observar el comportamiento de la familia o de los involucrados. Pero hasta entonces, todo señalaba a esa muchacha. Concentré en mi vista, el delicioso ambiente del hermoso jardín y de pronto escuché una voz atrás de mí.

—¡Vaya, vaya!, ¿qué tenemos aquí? —dijo alguien.

Entonces me di la vuelta y era Javier, que vestía un blue jean y un centro blanco.

—Javier —exclamé y le vi de pies a cabeza.

—¡Estás bella hoy! —me dijo con una sonrisa.

—¡Gracias! —dije encaminándome de nuevo hacia el juego de sillas del jardín.

—Sabes, es raro verte así de fresca —mencionó—. Digo, con esos pantalones vaqueros y menos con camiseta tan ajustada.

Yo me ruboricé pero no le di la cara, pues era verdad, casi siempre estaba de manera formal, por el trabajo. El venía atrás de mí.

—Alejandra, espera —dijo y me detuvo del brazo— ¿Tú no comprendes verdad? No te di ese beso para hacerte sentir mal, no entiendo por qué no me dejas explicarte.

Entonces me di la media vuelta y le vi a los ojos, esos ojos azules que me enloquecían.

—No tienes que explicar nada, para mí todo está claro.

—¿Qué es lo que según tú esta claro? No me dejas hablar… Entre nosotros no siempre podía existir una amistad, es una de dos: o somos mas que amigos o no somos nada, y sobre eso, tenemos que decidir ya.

—¡No comprendo! —dije más calmada.

—Creo que estoy siendo muy sincero contigo, pues dentro de mí ha crecido algo más… Hace mucho tiempo mi corazón y mi mente te ven con otros ojos.

—¿Con cuáles? —pregunté incrédula y le vi a los ojos, él estaba muy sereno, tranquilo.

—Con ojos de amor, con los ojos de una ternura inmensa que profesas sin darte cuenta —mencionó—. Te amo, desde hace tiempo.

—Basta, no quiero oírte —dije y bajé la mirada.

—Y, ¿por qué no me quieres oír? —dijo y se acercó—. ¿Vas a mentirme diciéndome que tú no sientes lo mismo por mi? Mírame.

—¿Qué cosas dices Javier? ¿Tú quieres jugar doble verdad? ¿Vas a decirme que no, que no tienes nada con Lucy? —dije, pues ya hace días quería oír esa respuesta.

—¡No Alex! No, tengo nada con ella. Nunca he andado con ella; pero es increíble la amistad que se ha desarrollado entre ella y yo. Sin embargo, nunca ha pasado nada, ella sabe que te amo —dijo y tomo mis manos.

Entonces se acercó a mí. Por mi parte, yo me sentía acelerada, pues cuando sentí la calidez de sus manos, mi corazón se aceleró más. Me sentía desmayar, la reacción que él proyectaba en mí era inexplicable. Sentía por fin esa bella conexión. Lo abracé y sentí su cuerpo fuerte, exprimiendo el mío.

—Te amo —me susurró.

—¡Oh! También yo —dije al fin—. Te amo desde la primera vez que te vi, totalmente ebrio y te amé después, cuando comprobé lo maravilloso que eres.

—Mi Alejandra, amor mío, eres mi destino, lo sé, lo siento.

Me sentía feliz como un gatito con su platito lleno de leche, satisfecha de que estuviera pasando todo eso, saciando mi necesidad de amar, de ser amada. Entonces me besó, me abrazó muchas veces y conversamos de lo que había pasado. Nos encontrábamos cuadrando las historias de ambos en esos últimos días y los malos entendidos que nos pasaron durante ese tiempo. El sentir la frescura de los árboles y el olor de las flores de ese jardín inmenso, sentía la felicidad que me daba el amor de Javier. Aquel sería un momento muy difícil de olvidar. La belleza del jardín quedaba opacada si la comparaba con la felicidad que sentía. Por nuestra parte, queríamos compartir la felicidad que nos embargaba y la primera en enterarse sería Janeth. De esa forma, nos encaminamos a la casa, tomados de la mano. Caminamos sonrientes hasta llegar al frente de la puerta del despacho de la casa de Javier. Nos miramos uno al otro antes intentar abrir la puerta del despacho, sentí que mi corazón se detuvo cuando oímos el grito que provenía de adentro.

—¡Entiende Janeth Oliva! ¡Alejandra me confesó estar enamorada de tu hijo menor! —era la voz de mi madre, sentí un dolor en el pecho.

«¿Qué hacia mi madre con Janeth?», pensé y a qué se habría referido la nana de Javier con lo de la visita especial. No obstante, no pude seguir pensando más cuando escuché otra vez la voz de mi madre.

—¡Por todos los cielos Janeth!, ¡tú y yo somos hermanas!, ¡ellos son primos primos hermanos!, ¡¿comprendes la magnitud del problema?!

—Lo sé, ¿crees que no me preocupa la situación? —agregó Janeth con voz rígida y sonora—. Todos en la familia sabemos que ellos están enamorados

Javier abrió bruscamente la puerta. Entonces miré a mi madre exaltada y a Janeth asustada. Nos miraron sorprendidas y la tensión creció cuando Javier me miró con una interrogante que me quemó el corazón.

—¿Mamá? ¿De qué Alejandra hablan? ¡Contesten las dos!

—¡Mamá!, ¿qué haces tu aquí?, ¿qué hacen?, ¿de qué hablan?

—¡Contesten! —gritó Javier, molesto.

—Alejandra, hija, lo siento, yo soy la hermana perdida de la familia Oliva —mencionó y dos lágrimas rodaron por sus mejillas.

—¡No madre!, ¡eso no es verdad! Me dijiste que eras amiga de ellos, que los conocías…

—También te dije que no te enamoraras de Javier —me interrumpió bruscamente.

—¿Se dan cuenta lo que han provocado con su estúpida riña? —gritó Javier con furia y cólera, luego me soltó la mano y se dirigió a su madre —. Tú sabes que la amo, desde hace mucho tiempo, lo saben todos.

—No lo sabíamos Javier, pero sí —dijo Janeth llorando—. Tú y Alejandra son primos, hijos de dos hermanas. Mi amor, lo siento.

—Mamá, ¿sabes a que veníamos? ¿Lo sabes mamá? —mencionó—. Somos novios mamá, la he besado, nos hemos enamorado, amo a Alejandra como tú y usted señora, no tienen idea, ¿se dan cuenta las dos de la riña que han causado?

—¡Basta! —grité— ¡Basta! No quiero oír a ninguno de los tres

Salí corriendo, despavorida hacia la calle. El último grito que oí fue el de Javier, que gritó mi nombre. No quise mirar atrás. Estaba llena de dolor. Sentí la agitación dentro de mi pecho, sentía que iba a desvanecerme, pero mis piernas seguían andando. Las lágrimas salían sin cesar de mis ojos, color café. Pensé en la playa, el mar, la arena, quería estar sola, pensar y asimilar lo que estaba pasando. *«Mi primo»*, pensé. Me dolía lo que estaba sucediendo. Caminé mucho por la playa, anduve de un lado a otro hasta llegar a uno de los hoteles que colindaban con aquel lugar. Ya era tarde y oscurecía, no sabía que pensar, solo recordaba la escena anterior y las lágrimas volvían a brotar de mis ojos. Mi mente gritaba por dentro: "Javier te amo, mi amor, ¿porque tuvo que ser así?". Pensaba en él y en todos, hasta en mis padres. El dolor era fuerte, jamás había imaginado que mi madre fuera la hermana de Janeth y Jessy. Nunca lo habría pensado. ¿Qué iba a pasar ahora? ¿Cómo iba a mirar a los ojos a todos? Entré por el portoncito hacia el hotel y pensé en rentar una habitación solo por esa noche, así que me dirigí hacia la recepción. Hice el papeleo correspondiente, pues siempre cargaba conmigo una identidad y una tarjeta, eso me había ayudado a atreverme a no dar la cara en casa de Jessy, donde seguramente todos estarían esperándome para dar sus muestras de compasión hacia mi desdicha.

—¡Hola! —dijo alguien saludándome.

—¿Hola? ¿Te conozco? —pregunté al ver a un hombre extranjero en el lobby del hotel.

—¿No me recuerdas? La primera vez que te vi fue en el hotel del centro de la ciudad, parecías hacer una especie de tarea con amigas en la piscina del hotel —me dijo.

Lo vi un poco confundida, para dar vuelta a mis recuerdos y llegar hasta hacia ocho o nueve meses atrás.

—Sí, ya te recuerdo —le dije, mientras recordaba a aquel hombre semi desnudo tomando el sol en la piscina del hotel, era increíble que aún me recordara y mas aún encontrármelo ahí.

—Y, ¿qué haces aquí? ¿Te hospedaras aquí?

—¡Sí! —dije— Por esta noche parece que sí, soy Alejandra Oliva.

—Mucho gusto Alejandra, soy Gregory Door's —se presentó.

Le vi a los ojos, esos ojos grises que meses atrás había visto.

—Encantada —sonreí.

—¿Ya cenaste? —me preguntó— Podemos ir cenar por ahí, ¿o andas con alguien más?

—No, yo estoy sola —dije—. Tampoco he cenado, podría acompañarte a cenar algo por allí.

—De acuerdo, vamos entonces.

Nos subimos a un taxi y me sentía atrevida. No lo conocía y estaba yendo a cenar con él. Sin embargo, era eso o volver a la casa con la nueva familia. Tampoco quería pensar en los acontecimientos recientes, así que no iba a declinar la invitación de Gregory. Quizá conversaríamos un rato y luego me iría a dormir para al día siguiente, volver a la casa quizás ya más despejada. No dijimos nada durante el camino. Él dirigió al taxista hacia la pizzería más cercana al hotel. Al llegar nos acomodamos y luego de hacer la solicitud de lo que sería nuestra cena, él se dirigió a mí.

—Ya que te quedas en un hotel, ¿eres de aquí o no? —preguntó.

—No soy de aquí, pero trabajo aquí —contesté—. Me he mudado hace ocho meses y dicidi quedarme aquí por una cuestión familiar, ¿y tú?

—Yo soy canadiense y pues, es la tercera vez que vengo en un año —agregó—. Me encanta esta ciudad, es cálida y especial, además, tengo algunos conocidos por aquí.

—Oye, pero hablas muy bien el español para ser canadiense —le dije.

—Sí, es gracias, en parte, a una rígida educación por parte de mi padre —dijo y luego agregó—. Sabes, gracias a esta ciudad he logrado divagar mi dolor, un dolor que llevo desde hace un año.

Entonces le vi a los ojos, casi llorosos. No sabía si preguntar de qué se trataba su dolor o solo compadecerlo, pero como dicen: "la curicidad mato al gato". Así que le pregunté.

—¿Qué fue lo que paso? Digo, si se puede saber...

—Mi mujer y mi hija fallecieron en un accidente aéreo hace poco más de un año... No te imaginas lo que es llevar un dolor tan grande; pero como te dije, esta ciudad es bien cálida. He venido, desde entonces, tres veces y me quiero mudar para vivir acá, no sé, hacer algo de comercio y establecerme, porque el calor y la briza marina me encantan.

—Lo siento Gregory, no sabía que llevabas un dolor tan grande... Y yo quejándome de mi dolor, de mi herida, de mi destino, pero siempre hay quien lleva dolores más profundos y aun así lo superan o por lo menos lo saben llevar con más dignidad y resignación.

Entonces le conté mi situación, tal cual había pasado. Y al igual que a él, se me habían rodado algunas lágrimas. Con el jugo de Jamaica ya servido tomó la palabra.

—Brindo por el dolor que nos embarga a los dos, porque cuando esta reciente duele más, *¡salud!*

—*¡Salud!* —repetí y levanté mi vaso de jugo.

Luego ambos tomamos un poco. Cenamos la pizza y conversamos mucho. Me sentía a gusto, había ganado un amigo, y me caía bien, lo disfrutaba. Era guapo y elegante, aunque estuviera allí vestido con esos short y camiseta. Era increíble que aquella persona que había mirado hace unos meses atrás, estuviera aquí conmigo cenando. Quizás hasta un amigo podría ganar y así ir de a poco, olvidando a Javier.

—¿Quieres ir a bailar? Digo, solo para que te despejes... No quiero presionarte, salimos, bailamos y tomamos algo, no sé, ¿quieres?

Y sin pensarlo le contesté.

—¡Vamos! ¡Nunca he salido a bailar por aquí!, pero asumo que tú sí, será una nueva experiencia. No bailo mucho pero eso es mejor que estar lamentando lo que ha pasado.

—¡Sí! Sí he ido a bailar y me gusta mucho.

Ya eran las once cuando salimos de la pizzería, pues se nos había ido el tiempo conversando. Gregory comprendió que no tenía que cambiarme de ropa por el simple hecho de que, básicamente, me había escapado de la casa. Así que salimos en dirección a la disco en taxi. Quería bailar y olvidar todo por un rato con la música y el desorden, aunque sea solo por esa noche. Está demás decir que bailamos hasta que ya no podía más. Era un espacio muy amplio, de tres secciones: karaoke, restaurante y disco. Era noche de pintura, entonces él y yo nos manchamos de pintura. Bailamos y bebimos un par de cervezas y agua, mucha agua. Los colores líquidos brillaban a través de luces multicolores. Cuando estaba amaneciendo salimos y nos sorprendimos.

—¡Cielos ya amaneció! —exclamé

—¿Y tú que dijiste? —contesto él.

Salimos del bullicio que, por esa noche, me hizo olvidar mi situación. Caminamos un rato y recordé que tenía que volver a la casa, pues no podía seguir evadiendo mi familia.

—¿Cuándo te volveré a ver? —preguntó él.

—¡Cuando tú quieras! —respondí—. Pero ahora debo volver a la casa, debo dar la cara a mi familia y al problema que enfrento.

—Sí, te entiendo —me dijo.

Le di el teléfono de mi oficina y la dirección del gimnasio donde permanezco más tiempo. De esa manera, me despedí para tomar un taxi. Ni siquiera había entrado en la habitación que había rentado la noche anterior, pero tampoco me preocupaba mucho eso, sino lo que iba a enfrentar en unas horas. Tampoco podía perderme así de pronto. Quizás mamá estaría preocupada y a estas alturas, ya toda la familia sabría lo que pasaba conmigo y Javier. Por mucho que me doliera no podía hacer nada. Quizás lo que sentía por él nunca fue amor, sino cariño de primos. Pasaban mil cosas por mi mente. Repasaba los hechos una y otra vez y no podía llegar a ninguna conclusión. Y estando en ese justo momento me sentí cansada, física y mentalmente. Ya no quería pensar, solo dormir; sentía más un dolor de cabeza que temor de verle la cara a todos en la nueva familia que me tocaría afrontar. Al llegar a la casa de Jessy, abrí el portón y me adentré por su jardín de rosas. Dentro de la casa estaba mi nueva familia, esperándome, menos él, mi primo Javier.

—Por favor Alejandra, ¿dónde has estado?

—¡Por ahí!, ¡estoy bien!, tengo sueño así que, ¡buenas noches a todos! —dije y salí sin escuchar a nadie más, ni menos dar explicaciones de lo que había hecho la noche anterior, ni mucho menos, sobre lo que imaginaban al ver mis ropas llenas de pintura.

Caí rendida al sueño, sin pensar, sin soñar y sin sentir nada, solo dormir y descansar y sí que ocupaba descansar. Quizás me había pasado con la salida del día anterior, pero lo había disfrutado y sí me había despejado. Si las cosas pintaban mal, pues debía aprender a sobrellevar el asunto, levantar mi cabeza y salir adelante, aunque resultara difícil. Tenía una conversación pendiente con mi madre y mi padre, a quienes no había visto. No obstante, estaba segura de que él estaba allí, junto a mi madre, no tenía que hablar con nadie más, quizás solo reconocer que Jessy era mi tía. «*Wow, mi tía*», pensé. Después de todo, era parte de esa familia. "Extraña las maneras de obrar del destino". No solo la situación de ser la prima de Javier también estaba, sino la parte en la que tenía primos y tíos.

Mas tarde, me levanté despejada y bien descansada. Después de un baño, alguien tocó la puerta de mi cuarto y de inmediato, pedí que entrara sin saber quién era. Habían tantas personas que querían hablar conmigo que ya me daba igual quien estuviese afuera, pero eso ya era el colmo.

—¡Hola Alejandra!

—¿Hola Lucy?

—¡Sí!, ¡yo! ¿Podemos hablar? —mencionó.

Le vi a los ojos y asentí con mi cabeza.

—Siento mucho por lo que estás pasando —dijo.

—Mmm — caminé alrededor de mi alcoba—. Veo que ya estás al tanto de todo.

—Javier me cuenta todo y no lo tomes a mal, pero él es como un sobrino para mí… No vayas a creer que hay algo más, yo solo quiero ser su amiga y que tenga alguien en quien confiar, sé que la está pasando mal, como sé que tú también la estás pasando mal y lamento mucho que todo esto esté pasando.

—Tranquila —le dije—. No tienes la culpa.

—¿Sabes? La vida a veces no es justa con nadie. Por ejemplo, la vida de Patricia no ha sido fácil para ella. Verás, sus padres murieron en un accidente de camino a su graduación, de La Ceiba a Tegucigalpa, dejándola con su abuelita, el novio que tuvo en ese momento se aprovechó de su soledad y la tomo por la fuerza, haciéndola suya. Sí niña, ella fue víctima de una violación y hace casi nueve meses y medio, perdió a su abuela. Para ella la vida no ha sido fácil, quizás por eso es así, callada y apartada, pero en el fondo solo es miedo y temor a salir más lastimada; sin embargo, ella es buena y dulce. Eso que le ha pasado a ella no se compara con lo que te está pasando a ti y a Javier —me dijo mientras se encontraba de pie hablando de la vida de su amiga y compañera como si la vida de ella le perteneciera para andarla divulgando, así que con evidente molestia le pregunté.

—¿Y tú me cuentas todo esto por qué?

—Discúlpame por lo que te voy a decir pero no quiero que te acerques más a Javier, déjalo que busque otros horizontes, que se olvide de ti… Deja que las cosas pasen, la verdad es que nunca me gustaste como pareja de él.

Me sentí tan molesta que casi la saco de mi recámara, pero en ese momento ella se me adelantó.

—Me voy, creo que te he dejado bien en claro mis puntos —dicho esto salió sin despedirse y sin decir más.

Me sentía molesta con ella. ¿Con qué derecho me decía todo eso? Tampoco quería ahondar en eso. Ya para mí no debería ser un tema a discusión con nadie, así que termine de vestirme y fui a buscar algo de comer y a mis padres. Salí de la habitación y me encontré con Jessy, quien me dio un fuerte abrazo y muchos besos.

—Sabía que eras especial, lo presentía —me dijo.

Le devolví el abrazo y los besos, después de todo, era mi tía.

—¡Ni creas que te voy a llamar tía! —dije y le sonreí.

—Tranquila mi niña, tampoco quiero que lo hagas.

Ambas nos reímos y yo me sentí tranquila de que ella no removiera lo de Javier. Después de todo, entre menos se mencionaba, me afectaba menos. A mis padres los hallé en el jardín, los dos juntos, como siempre, conversando.

—Hola familia —les dije—. ¿Cómo están?

—Hola —contestó papá.

—Preocupados Alejandra, ¿cómo estas tú?

—Tranquila mamá, los amo y sé que en su momento no actuaron de mala fe.

Mamá me miró con ternura.

—Mi amor, perdónanos, sabemos que esto es muy difícil para ti, pero en ese momento no sabíamos qué consecuencias traería todo esto y lo único que nos interesaba era alejarnos lo más posible de Janeth —mencionó—. Jessy estaba muy pequeña en ese entonces, me dolió mucho alejarme de ella, pero tampoco esperé a escuchar las explicaciones que Janeth tendría para nosotros, nos sentíamos mal por nuestro romance y…

—Y para no crear enfrentamientos entre ellas dos, yo le sugerí a Jully que nos fuéramos lo más lejos posible de su familia, en parte yo siento que tengo más la culpa —interrumpió mi padre.

—Tranquilo papá, no te mortifiques con eso, para mí lo más importante es que ustedes estén bien —dije—. Las cosas pasan por algo y sé que será difícil, pero les prometo que aprenderé a ver a Javier como lo que es, mi primo.

Los tres nos reímos y nos dimos un abrazo fuerte. Gracias a ellos era quien era y lo único que tenía que hacer era aceptar la situación que ocurría en ese momento. Mis padres me habían enseñado, con determinación, a aceptar cuando las cosas no podían darse como uno quería y pues esa situación era una de esas. Me gustaba creer que esos valores los debía poner en práctica y que así podría honrarlos donde estuviera. Más tarde, cenamos con Jessy y Antonio, quienes ya habían aceptado su amorío, lo que no les había preguntado era si la aerolínea les permitía ese tipo de romances, pero tampoco lo iba hacer, ya estaban mayorcitos como para meterme en esos asuntos. Me sentía amada por esas personas que estaban en la mesa, amada y comprendida, eso sí se sentía como una familia. Esa noche hablamos hasta tarde. Mi padre se veía más recuperado y mejor, los esfuerzos de mi madre y su grupo estaban dando resultados y claro, su disposición también. Las cosas no podrían estar mejor.

Capítulo N° 11

—Un día más —dije al ver mi figura delgada reflejada en el espejo, luego gire en torno a mí, ya me había vestido.

Tenía puesto un pantalón de tela negro, una blusa blanca y zapatos de medio tacón negros. Mientras me cepillaba el cabello, oí la voz de Jessy del otro lado de la puerta.

—¿Alex, puedo pasar? —preguntó, pero ya había pasado— Si quieres puedes cancelar tus citas y quedarte en casa con tus padres.

—No, está bien, necesito el trabajo, ellos estarán bien, ellos saben que me gusta lo que hago y tú sabes que lo necesito.

—Me gusta esa actitud —dijo y me abrazó—. Bueno, yo me voy con Antonio a nuestro trabajo. Nos vemos en la tarde.

Entonces nos despedimos y luego hice lo mismo con mamá y papá para dirigirme a mi trabajo, donde esperaba en el fondo de mi corazón, ver a Javier. Sin embargo, él no había llegado al gimnasio y ya había recorrido dos de ellos en solo la mañana. Cuando eran las doce, llegué a mi oficina y la sorpresa del día fue ver a Gregory esperándome. Era hora del almuerzo, así que nos dispusimos almorzar y después de eso ya no volvería al gimnasio como ya lo había planeado, desde muy temprano. Por ello, traté de disfrutar mi almuerzo.

—¡Te ves bellísima Alejandra! —me dijo.

—Gracias, gajes del oficio —le dije con una sonrisa.

Él era un hombre de cuerpo trabajado en el gimnasio, era evidente, muy diferente a Javier. Gregory me había impresionado desde el primer momento en que lo había visto. Era maduro, serio y, sobre todo, amable. Aunque ya vestido un poco más casual se veía diferente, era alguien serio y de negocios. Asimismo, debía de reconocer que la vida le había dado un fuerte golpe al perder a su esposa e hija en el mismo accidente, eran dolores fuertes, algo parecido a un sismo y un huracán en el mismo momento. Era fuerte. Llevar ese dolor debía ser algo muy duro y difícil; sin embargon, cada quien lo llevaba de diferente manera. Por mi parte, mi dolor estaba tan intacto como mi amor por Javier, aunque todos se empeñaran en decir que había cosas peores que lo que nos pasaba a él y a mí. Gregory debía de tener unos treinta y ocho años o cuarenta, pero no se veía como tal, pero sí maduro.

—¡Estás callada hoy! —me dijo.

—Lo siento —me excusé—. No es nada; ya sabes, no es fácil, todo es reciente y la verdad es que me siento como un fenómeno en una nueva familia.

—Lo sé —dijo—. No debe ser fácil.

—No, ¡no lo es!, pero hago lo posible para no verme tan vulnerable ante todos — dije e hice una sonrisa fingida pero amable.

—¿Tu nueva familia son los Lozano Oliva? —preguntó el intrigado.

—Sí, ¿Por qué?

—He oído hablar mucho de ellos y los emprendedores gimnasios que tienen —dijo.

—Sí, la verdad es que son un emporio, me gusta mucho el trabajo con ellos y ahora soy parte de esa familia —dije muy poco convincente.

—Bueno —dijo—. Pues te va a tocar acostumbrarte.

—Sí, lo sé.

Estábamos ya en el restaurantee y él se veía guapo, pero en ese momento, aunque fuera el último hombre sobre la tierra, mi corazón tenía dueño y no quería ni pensar en alguien más. No obstante, él ahí sentado, me dijo lo que no quería oír.

—Me gustas Alejandra, me gustas mucho… Sé que apenas te conozco, pero quiero hacerlo y me gustaría que algún día seamos más que amigos.

Entonces lo vi un poco perturbada, pues era lo que menos quería oír; sin embargo, ya lo había soltado y debía de responder.

—Discúlpame, pero no quiero hacerte daño —mencioné—. Esto me parece muy precipitado y aunque te parezca grotesco, yo todavía amo a Javier y me gustaría darme un tiempo; no te niego mi amistad, pero lo mío está muy reciente.

Él era un hombre maduro, sabía bien lo que quería y ya había experimentado dos muertes, muy importantes en su vida. Quizás yo me estaba ahogando en un vaso con agua, pero era mi problema y lo sentía grande.

—No creo que me dañes, podemos ser amigos y ver qué pasa después —agregó—. Yo esperaré.

Le sonreí un poco.

—Eres bien perseverante —dije y luego vi su reacción, pero él solo sonrió.

Mientras traían las entradas para comer y unas copas con vino tinto, le cambié el tema para no continuar con su insistencia.

—Cuéntame algo de Canadá —le supliqué.

—¿Qué te puedo decir?, desde el clima, que es un poco complicado, hasta su gente que básicamente pasa muy metida en su trabajo; es bello, pues es considerado como un país de veranos moderados y de inviernos largos y muy fríos. Yo personalmente, vivo ahora con mi madre en Toronto, que es la ciudad más visitada de allá. Es un país muy desarrollado y con problemas, como todos, ya sabes: política y religión. Nada fuera de lo normal y, ¿a ti te gusta tu país? —me preguntó.

—Sí, mucho, soy de esas a las que le encanta el folklore de su país. Pienso que esta ciudad es fantástica, sobre todo el turismo de día y la vida nocturna; bueno, sabes cómo es, puedes amanecer en la *zona viva*. Ahora con tantos parques que hay, ya no hay excusa para no salir de tu casa a disfrutar de la briza marina. En lo personal, esta ciudad es maravillosa y eso que no solo he vivido aquí, así que por ello, puedo comparar... Y tú que ya has venido tres veces, ¿qué te parece?

—En lo personal me encanta —dijo—. La gente es hospitalaria, ya te dije, tengo varios amigos y me gustaría comprar e instalarme algún día aquí.

La conversación se hizo más interesante hablando cada uno de su país y lo que nos gustaría a futuro. A estas alturas del día, el almuerzo se había extendido hasta las dos de la tarde, ya que tomamos una taza de café ahí mismo. Al terminar, él se dirigió a su hotel y yo a casa de Jessy, con la fiel convicción de vernos el próximo día. Cuando llegué a casa de Jessy, me encontré con Alfredo apagando su cigarro en un cenicero, quien poniéndose de pie me habló.

—Te esperaba querida, ¿cómo estás? —mencionó.

Muy sorprendida, lo vi con una interrogante en mi cabeza y después de saludarnos tomé la palabra.

—Dígame, Don Alfredo.

—Por favor, dime tío —contestó él—. Nunca he tenido una sobrina y ahora que mi mujer tiene una, me gustaría que seamos amigos y que cuentes conmigo.

Asentí con la cabeza y entonces le dije: — *"tío"* —. Se aproximó a mí y me dio un abrazo fuerte.

—¡Perdóname! —me dijo con tono de súplica.

—¿Por qué? —le dije tomándole las manos.

—¿Lo amas verdad? —inmediatamente le solté las manos y le vi con los ojos llorosos, no contesté, pero él continuo. —Él te ama también y te ama mucho.

—Lo sé —dije—. Pero ¿a qué ha venido? ¿A recordarme que nos amamos y que no puedo ser feliz con él?

—No, no, perdóname —dijo—. Se aman, lo sé, solo les pido perdón, ¿sabes? Él se fue hoy en el primer vuelo a Miami y se llevó a mi madre, pero no sé cuándo volverá, no quiere verte porque no puede estar contigo. Él sufre también.

—No comprendo, ¿a qué ha venido? —dije y mis ojos se llenaron de lágrimas.

—Perdóname —volvió a suplicar—. ¿Sabes?, conocí a tu tía en medio de su pena con tu padre, me enamoré de ella en cuanto la vi; ella es fuerte, la amo mucho y sé que sufre también; ella es para mí, es lo que me impulsa a estar día a día de pie. Muy rápido tuvimos a Joey, y me casé con ella; mi mamá la adora y mi hermano también, pero él se volvió loco cuando su esposa y la madre de Carlos fallecieron en el parto de este. Aún está loco, no le hemos dicho que su hijo falleció, Janeth ha cuidado de él como si fuera nuestro hijo y eso la hace más valiosa, Joey es feliz ahora y tiene una esposa maravillosa y una hija a la que ama mucho. Armando, por su parte, es más disimulado y mujeriego, no sé a quién salió, pero supongo que no le gusta estar amarrado por su trabajo en el instituto y en el consultorio de psicología que tiene lo mantiene ocupado; sin embargo, si eso lo hace feliz, lo respeto. En cambio Javier es más sentimental, cariñoso y entregado, sé que sufres como sufres tú; por eso, perdóname —mencionó y de sus ojos brotaron lágrimas, lo vi muy conmocionado.

—¡No llores tío! —le consolé con cariño —verás que Javi y yo lo olvidaremos, no digo que va a ser fácil, pero lo superaremos.

Entonces me abrazó y me susurro muy suavemente.

—Perdóname —dicho eso se marchó.

Traté de dormir esa noche, pero no lo logré. Fue difícil conciliar el sueño, pues pensaba en lo que estaba pasando con Gregory y en lo que Lucy me había dicho el dia anterior. Más aún, en los tantos perdones que me había pedido Alfredo, quien sabía que Javier sufría con todo lo que estaba pasando. De pronto, la puerta de mi recámara sonó con fuerza, una y otra vez, solo pude gritar que me bañaba. En seguida salí de prisa y después de vestirme, vi que era Jessy, quien parecía muy alterada.

—Es Alfredo, parece que tuvo un accidente, ¡¿vamos al hospital?!

—Sí, sí —le dije y pregunté mientras buscaba mi cartera—. ¿Qué paso?

—No sé, solo me llamó Janeth desconsolada.

Mis padres, Jessy y yo fuimos al hospital mientras Antonio iba a su trabajo con la excusa de Jessy. Por mi parte, había llamado a uno de los secretarios de los gimnasios para avisar sobre lo ocurrido y asimismo, cancelar todas las visitas de los clientes conmigo. Cuando llegamos al hospital preguntamos por lo que había pasado.

—No sabemos con exactitud, pero parece que lo atropellaron en la madrugada, pues no llegó a dormir a la casa en la noche.

—Él estuvo en la casa anoche — dije.

—Sí, es verdad, lo dejé en la sala esperando a Alejandra.

—Y hable con él, su visita fue rara, pero conversamos un poco, me pidió perdón, no sé por qué.

Paty y Lucy aparecieron con sus respectivas batas y con cara de preocupación, ellas se encargaban al parecer de él.

—Hay que operarlo —dijo Paty al fin—. La herida en la cabeza fue muy contundente y necesito que firme unos papeles para proceder —dijo dirigiéndose a Janeth, quien se levantó de su silla.

—¿Ustedes le operaran? —dijo Janeth.

—Solo yo —volvió a decir Paty—. Pues no es el área de Lucy.

—Está grave —se apuró a decir Lucy—. No hay muchas esperanzas.

Paty, molesta, observó a Lucy, pero no dijo nada. Joey muy preocupado intervino.

—Salva a mi padre por favor, Paty —ella solo asintió.

—Hare todo lo que pueda, roguemos a Dios por que todo salga bien —agregó.

—Gracias Paty, que dios te bendiga hija, oraremos para que todo salga bien —dijo Janeth y acompañó a una enfermera que la esperaba para firmar los papeles que debía.

Paty y Lucy se habían alejado a lo suyo y los demás solo habíamos observado la escena. Ahora nos tocaba esperar a que todo saliera bien. Sin embargo, los más preocupados por su padre eran Armando y Joey, y lógicamente, Janeth estaba desconsolada. En medio de aquel hospital, lleno de gente enferma y de gente que además de esperar, lloraba, estábamos nosotros con más preguntas que respuestas. Éramos parte de la estadística del hospital privado. Tratábamos de consolar a Janeth y a sus hijos, pero era difícil. Mi padre y madre estaban acongojados, pues la situación de la familia estaba al borde de la locura. Una tras otra tragedia nos acechaba. Pasaron tres horas y la operación no concluía. Cada vez nos sentíamos más desesperados con cada minuto que pasaba. Había llegado una mujer embarazada, con el esposo gritando que estaba a punto de dar a luz, entonces una enfermara apareció con una silla de ruedas, llevándosela a la sala de parto y dejando al esposo en una espera desesperada, caminando de un lado a otro, haciendo más difícil la situación. Gente a la espera de la respuesta de los médicos con una esperanza de vida para la familia y ahí también estábamos nosotros, en la misma situación.

—¿Mamá quieres algo de comer? —preguntó Armando a su madre.

—No amor, ahora no, pero gracias.

—Tía —le dije—. Tienes que comer algo, ve con Armando que yo me quedo con Joey a la espera de noticias.

—Gracias Alejandra, les tomaré la palabra porque si sigo mirando a ese señor caminar de un lado a otro me voy a volver loca —agregó—. No le diremos nada a Javier, pues apenas se fue ayer con la abuela y esperaremos unos días. —Todos asentimos y nos miramos las caras.

Entonces Janeth y Armando se alejaron, mis padres trataron de dar ánimos a Joey y mientras este y mi padre conversaban, mi madre me estrechaba en sus brazos con fuerza, preocupada. Cada minuto que pasaba era eterno para todos ahí. La gente iba y venía, entraba y salía del hospital. Y cuando al fin logramos mirar a Paty salir del pasillo, nos pusimos de pie y fuimos a su encuentro.

—Salió bien, la operación fue todo un éxito, solo hay que esperar ahora, pues él deberá luchar —mencionó—. Hicimos lo posible por salvarle la vida y ahora discúlpenme, debo ver a otro paciente que me necesita.

Se marchó, pues solo había salido para dar la noticia. Joey fue a la cafetería a dar la noticia a su madre. Mientras tanto, mis padres y yo esperábamos en la sala.

—Joey es un buen muchacho —dijo papá.

—Sí, él es bien hogareño, ¿sabes papá?, él me hace pensar mucho en ti —dije sin pensarlo.

—¡Qué cosas dices hija! —exclamó mamá con una sonrisa.

Esperamos a que los demás volvieran de la cafetería, pues ya casi era la hora del almuerzo y Jessy se había marchado al aeropuerto, así que le dije a mi padre que llevara a mi madre a almorzar y que yo iría luego. No obstante, realmente no tenía hambre. Cuando por fin los Lozano habían aparecido, Janeth reclamó ver a su esposo aunque este estuviera dormido. Los demás esperaríamos en la sala. Me sentía cansada, quizás por pasar la noche en vela. Sentía mi cuerpo como el de un zombi. Mis padres, por su parte, habían ido a descansar a casa de Jessy, pues sabía que se sentían extraños en medio de ellos, pues casi no les conocían mucho. De pronto, Janeth apareció muy alterada, después que visitó a su esposo, quien había caído en coma. Sus hijos estaban consternados por la noticia y nadie sabía qué hacer, debido a que las cosas habían empeorado. Me dolía ver a la familia así. Según Paty, no había mucho que hacer, solo esperar a que saliera del coma. Apoyo emocional era lo único que podría hacer. Mientras él no saliera del coma, tampoco podríamos saber cómo había ocurrido el accidente y dónde la había pasado la noche anterior.

Capítulo N° 12

Dos semanas habían transcurrido desde que Alfredo se cayó en estado de coma. Dos semanas en las que yo salía con Gregory y además, me hacía cargo del gimnasio sola. Dos semanas en las que no sabía nada de Javier, aunque ya se le había avisado para que volviera por el accidente de su padre, ya que no se le podía seguir ocultando tan grave noticia, ni a él ni a la abuela. Por otro lado, mis padres se habían regresado al pueblo con el pesar de ver a Alfredo en esa situación, pues a pesar de ello, tenían una vida que seguir, ya que aún no terminaba el ciclo escolar para mamá. Esta vez la situación entre ellos y yo era diferente, sin secretos detrás del telón.

Después de una dura jornada en el trabajo y de andar de un lado para otro en cada uno de los gimnasios, me disponía al hospital, como todas las tardes, así me mantenía al tanto de la situación de Alfredo. Generalmente me encontraba con Joey y con Janeth, a veces con Armando, pero muy rara vez, con Jessy y Antonio, que pasaban más ocupados en su trabajo y casi no les daba tiempo, excepto los fines de semana. Paty pasaba pendiente del paciente y Lucy, a ella casi no la veía, pero cuando me iba a topar con ella, la evitaba. Lo que menos quería era verla o tener que saludarla como si no pasara nada. Ese miércoles, al llegar al hospital, con la primera que me encontré fue con Janeth, quien al verme me saludó.

—Hola pequeña ¿Cómo te fue hoy?

—¡Bien! Un poco cansada, pero bien —dije.

—Pues no es fácil, lo sé y lo siento —me dijo.

—Tranquila, yo entiendo que lo que está pasando tampoco es fácil; pero ya verás que todo irá pasando, tenemos que tener fe en que él se despertara —dije y le di una palmadita en el brazo.

—¿Sabes que Javier viene hoy? —dijo.

Entonces sentí mi corazón acelerarse. No podría negar que moría de ganas de verle, pero traté de disimular un poco.

—¿Ah sí? ¿Y vendrá la abuela también?, digo, doña Brigette —pregunté.

—Sí, pero a ella aún no se le ha dicho nada, ya sabes, para no preocuparla; Joey fue por ellos, ya no tardan.

Asentí con la cabeza y pregunté cómo iba Alfredo. Ella respondió con tristeza que no había respuesta de su parte aún, pero que no se perdían las esperanzas de que despertase. Todos estábamos muy consternados con los acontecimientos y tratábamos de llevar el día a día a pesar de lo que pasaba. En las dos semanas, desde que Alfredo había caído en coma, nunca había entrado a verle, así que ese día le insistí a Janeth que me permitiera hacerlo, que solo sería un momento y que trataría de no molestar. Ella me dijo que podría hacerlo, pues así ella podría ir a darse un baño a la casa y prepararía a doña Brigette para darle la noticia, después de todo, Joey los llevaría hasta la mansión. Le di las gracias y me aproximé por un pasillo hacia la recámara donde tenían al tío. Después de entrar, sentí ganas de llorar. Verle dormido ahí, en esa cama de hospital, me entristecía y solo podría pensar en cómo era posible que se haya dejado caer en ese estado y sin darme cuenta, ya estaba hablando en voz alta.

—Tío Alfredo, ya llevas dos semanas aquí, ¿qué es lo que pasa?, todos te extrañamos y la tía Janeth está muy triste desde que estas así… Despierta, pues te contaré que las cosas marchan mal sin ti. ¿Dónde estabas cuando te pasó esto? ¿Dónde dormiste? Date cuenta que hay alguien que te hizo daño, pero, ¿quién? —dije y tomé su mano, le di un apretón, pero no hubo respuesta.

Entonces me senté en la silla que estaba cerca de su cama y lo vi. Paty entro en la recámara y se dirigió a mí.

—¿Cómo te va Alejandra? —mencionó ella mientras revisaba la bitácora del tío Alfredo.

—¿Bien y tú? ¿quieres que salga? —le dije.

—No, no, tranquila. Sirve que converse contigo un rato, es increíble que hace tiempo nos conocemos y, sin embargo, no hemos hablado mucho —dijo y sonrió.

—Bueno, realmente te veo algo apartada y no me gusta molestar.

Ella sonrió y comenzó a revisar al paciente con estetoscopio y demás instrumentos primarios. En lo que la veía cómo lo hacía le hice una pregunta.

—¿Crees que despierte algún día?

—Pues más depende de él, su cabeza ya está sanando y no hay problema con eso, pero siento que es él, el que no quiere despertar; pueden pasar días, semanas, como sea el caso o meses, incluso años, tú más que nadie lo sabe —mencionó y me miró a los ojos, yo asentí, pero una tercera vos exclamó algo.

—¡No!, ¡años no! —se escuchó y luego toció.

Entonces nos quedamos petrificadas cuando vimos su ojos abiertos. Me puse de pie y lo abracé. Pero Paty me despegó.

—Tranquila, despacio, está débil aun —dijo—. Hazme un favor y llama una enfermera, pero espérame afuera, vamos a ver sus reacciones.

Asentí y le sonreí a él. Mi emoción era evidente, estaba despierto y lo había visto. Salí velozmente y llamé a la enfermera. También me encontré con Armando y en seguida le dije que estaba despierto, él sonrió feliz.

—¡Sabía que el viejo superaría esto! —agregó—. ¿Sabes? Debo hablar contigo, pero será después, pues ahora mismo voy avisarle a mamá para que se vengan. Se va a poner feliz.

—Está bien, me buscas después, yo le aviso a Jessy —mencioné.

Él se alejó de mí y yo pude hablarle a Jessy al teléfono de la casa con el móvil. Luego le avisé a mis padres para que se sintieran más tranquilos. Mi madre se puso feliz, pues era una buena noticia para todos. Asimismo, me dirigí a la cafetería mientras hablaba con mamá para pedir un té verde, me acomodé en una de las sillas y traté de relajarme un poco. No podía creer que iba a volver a ver a Javier, ¿cuál sería mi reacción? O, ¿la de él? Una vez más la familia estaría reunida ahí, en ese hospital Tomé mi té, despacio. Estaba un poco vacía la cafetería de hospital y yo era la única que estaba sola, en esa mesa. Dos mesas más estaban ocupadas, en una había unas enfermaras tomando un descanso y en la otra, una pareja conversando. En la entrada de la cafetería vi a Jessy, fresca y sonriente, aproximándose hacia mí.

—Mi querida sobrina, ¿cómo estás? —dijo y me dio un beso en la mejilla cuando por fin estuvo cerca.

—Hola Jessy, ya sabes, feliz por la buena noticia de tío Alfredo —le sonreí y ella suspiró.

—Gracias a Dios que ya despertó, ¿Janeth y Javier están con él ya?, ¿sabes? —dijo sin malicia— Mi sobrino está guapísimo, no sé, noto un brillo especial, quizás es que le han sentado bien estos días lejos de aquí.

Entonces bajé mi rostro.

—Lo siento —agregó—. No quise…

—No, tranquila —le dije—. No es tu culpa.

Sabía que no era para mí, aunque estuviera guapo, no haría nada más que verlo y hacer de cuenta y caso de que todo marchaba bien. No sabía cómo sería nuestra reacción después de vernos, era algo impredecible y hasta cierto punto peligroso. Estaba comenzando a ponerme nerviosa.

—Tranquila, tienes que relajarte —me aconsejó ella.

—Lo sé, sé que tengo que superar esto —le sonreí sin ganas.

—Anda, vamos, tarde o temprano lo vas a ver. Ven.

Salimos de la cafetería hacia la sala de espera, donde estaba él con su abuela. Estaban sentados los dos. Él se puso de pie cuando me miró.

—¡Hola Alejandra! —saludó de manera fría.

—¡Hola! —le respondí de la misma manera, sin besos en la mejilla y sin abrazo.

De la misma manera, saludé a la abuela de la familia, quien se veía triste y abatida. No era para menos, pues su hijo estuvo dos semanas en coma y para colmo, se lo habían ocultado.

—¿Y Antonio? —preguntó Javier dirigiéndose a Jessy.

—Está en casa, iré para allá luego de ver a Alfredo —contestó ella—. ¿Será que ya puedo?

Entonces ella se alejó para investigar. Para nadie era secreto que ella y Antonio ya eran marido y mujer, sin importar que existiera un papel legal, como tampoco era un secreto que ella era mayor por seis años. Así eran las cosas con ellos y eso me hacía feliz. Luego, ambos nos aproximamos donde la abuela, quien estaba un poco desencajada y reprochándose por los acontecimientos recientes.

—¿Cómo pudo pasar esto? —reprochó.

—Calma abuela, ya papá salió del coma, es cuestión de tiempo para que pueda salir de aquí.

—Estoy segura de que es por ese secreto, todo eso es por ese secreto que no tarda en salir a la luz.

—¿Secreto? —pregunté con asombro.

—No te preocupes abuela, todo será a su debido tiempo —la calmó a ella e ignoraron mi pregunta.

—Alejandra, cuidas de la abuela un rato por favor, que iré por un té, a ver si se calma un poco.

—Claro, pero por qué evades mis preguntas, no comprendo, ¿por qué tanta indiferencia conmigo?

—Porque todo es por tu maldita culpa —explotó la señora.

—¿Por mi culpa? —pregunté con asombro—. ¿Qué tiene que ver conmigo todo esto?

—Todo, si no te hubieras enamorado de Javier nada de esto estaría pasando —dijo y seguía alterada la señora, acusándome de sus desgracias.

Por mi parte, estaba intrigada, ¿cómo que era mi culpa que Alfredo estuviera en esa situación? Javier me tomó de las manos antes de que pudiera reaccionar por segunda vez, me alejó de la señora y me dijo en un tono tranquilizador, pero poco convincente.

—Escucha, ella solo está un poco alterada por lo que ha pasado y es normal, estamos molestos con mi madre, esto ocurrió hace dos semanas y ella se da cuenta hasta hoy, me la traje engañada. Y yo también me di cuenta de esto. Es mi padre y me duele no haber estado aquí desde el principio —mencionó y no hizo ningún gesto.

Yo me sentía una tonta por lo que iba a decir en lugar de estar indagando más por el secreto, que estaba segura que ya sabía.

—De acuerdo, comprendo y lamento mucho todo lo que está pasando, pero para nadie ha sido fácil —mencioné.

Entonces me dejó con la señora, que estaba alterada aún. Por mi parte, no me quise acercar a ella, así que comencé a caminar de un lado a otro, sin perderla de vista. No sabía nada de aquel secreto que aún se guardaba en esa familia, otro secreto más. Sacudí mi cabeza con fuerza para despejar mis ideas, pero no llegaba a mucho; solo a pensar que a Alfredo lo habían atropellado a conciencia, y que quizás la copa envenenada era para el mismísimo Alfredo y el pobre de Carlos había pagado el error. Error por el que fue culpada la empleada de la mansión. Sin embargo, la pregunta importante era: ¿quién era el autor de todo lo que estaba pasando? Estaba en la familia, eso era claro. Pero ¿por qué?, y sobre todo, ¿quién? Entonces, Armando se acercó a mí.

—¿En qué piensas? —dijo.

—Mmm, ¡en tantas cosas! —exclamé.

—Te tengo una bomba primita y vas a llorar cuando te cuente —no guardó su emoción.

—¿De qué se trata? —pregunté.

—En lo personal, me siento mal por el viejo, pero mi madre entrará en problemas, ya lo verás; esta familia, mi querida Alejandra, está llena de secretos y yo sé uno de ellos —agregó—. A mí esto me tiene un poco mal, pero son errores de ellos, no voy a juzgar a nadie.

—No, no te entiendo Armando —pregunté, ¿será que él sí sabía el secreto que se tenían Javier y la abuela? —. ¿De qué se trata?

—Dame tiempo, que ahora mismo no quiero que la abuela escuche, ¿dónde está Javier?

—Fue por un té para ella y quizás está consiguiendo analgésicos —dije—. La abuela está un poco alterada.

—Esperemos a Javier y nos vamos a la cafetería.

Armando se acercó a su abuela y habló con ella. Casi no les oí, pues no tenía cabeza para hacerlo. Secretos, sospechas, sentía que la cabeza iba a estallarme. Para colmo, tenía en puertas una cena con Gregory y no podía cancelarle, ya que el día siguiente se marcharía a su natal Canadá. Solo tenía que hablar con Armando para saber qué es lo que tenía que decirme, sobre todo de qué se trataba el supuesto secreto y si es que era el mismo del que hablaba la abuela. Javier llego con un té en la mano para la abuela y unos analgésicos, los cuales se los dio y ella los tomó. Su nieto se quedó con ella mientras Armando y yo nos dirigíamos hacia la cafetería. Una vez sentados ahí, él con un café y yo con un té, se dirigió a mí.

—¿No te imaginas lo que te voy a decir verdad?

—Pues la verdad no, pero tu abuela y Javier hablaban de un secreto que tenía a tu padre así y ella me echó la culpa —dije.

Él se quedó atónito.

—No te creo, ¿acaso hay más? —preguntó.

—¿Cómo así?, no entiendo Armando, estoy confundida.

—Veamos —dijo como analizando la situación—. Yo oí a mi madre y a Jessy hablando de esto cuando Javier y la abuela no estaban en casa aún. Así que si lo pienso bien, no creo que se traté de lo mismo.

—Me estas poniendo nerviosa, ¿de qué se trata?

—Mira, no podía creerlo cuando lo oí, pero mi madre me lo confirmó y se molestó cuando le dije que te diría a ti y al mismo Joey, pues ella no tiene por qué ocultar algo así.

—¡Cielos Armando! ¡Dímelo ya! —me exalté un poco, pues estaba impaciente y él le daba largas vueltas al asunto.

—Pues resulta que Joey y tú son hermanos.

—¿Cómo? —pregunté, porque me cayó como bomba esa noticia.

—Pues mi hermanito Joey es hijo de mi madre de Janeth y tu padre…

—¿Estás loco? ¿Cómo dices eso? —dije y me sentía desmayar, era una fuerte confesión.

—Pues que mi madre y Jessy lo hablaban anoche en casa… Mi madre se embarazó de tu padre la última vez que se vieron, los abuelos la casaron con mi padre y pues, por eso, él quedó como hijo de ambos, pero tu padre nunca supo nada. Cuando las enfrenté me contaron todo.

—Pero vi a tu madre esta tarde y no me dijo nada —dije pensando.

—Pues mira, sé que a Joey, ella se lo dijo esta mañana y a ti, no sé, supongo que ella debió hablarlo con mi padre y con el tuyo, no sé cómo lo hará pero le avisé que yo te lo diría, pues estoy evitando tanto rollo en esta familia, son peor que mis pacientes del consultorio de psicología. Perdón Alejandra, pero alguien te lo tenía que decir.

Joey era mi hermano, no podía creerlo, ese día no le había visto, ¿estaría molesto y por eso no había ido al hospital?, ¿cómo lo iba a tomar papá?, y ¿mamá? Tenía un hermano, eso era fuerte. Eso rebasaba los límites. Tenía razón Armando.

—Te has quedado callada —dijo.

—Sí, es fuerte lo que me dices.

—Bueno, vamos nena, se te ve cansada y mamá te ha cargado a ti el trabajo de los gimnasios y aparte vienes todos los días al hospital.

—Sí, vamos, tengo una cena con Gregory esta noche, mañana sale para Canadá.

Mientras él pagaba la cuenta, yo tomé mi bolso para dirigirnos a la sala de espera. No tenía ganas de cenar con Gregory pero ya era tarde y llegaría en cualquier momento al hospital por mí. Caminé a la par de Armando, sin decir una palabra, iba consternada, pero debía disimular. Me preocupaba la reacción de mis padres con esa noticia. La familia estaba reunida en la sala de espera y todos me observaron al llegar o esa fue mi sensación, pero mi salvación llegó y me aproximé a Gregory antes que a la familia, pues no quería hablar con ellos.

—¿Estás bien? —preguntó Gregory un poco preocupado.

—Sí, salgamos de aquí.

Él me tomo del brazo y antes de salir, Javier se nos acercó.

—¿Y tú para dónde vas? —dijo dirigiéndose a mí.

—¡Hola!, ¡soy Gregory!, ¡amigo de Alejandra! —lo saludé.

—Soy Javier —contestó a secas.

—¿Nos vamos Gregory? —le pregunté a mi acompañante.

Entonces él me condujo hacia afuera del hospital y nos marchamos en un taxi, sin decir nada más. La cena con Gregory había sido esta ves distinta, pues no tenía ganas de hablar mucho, así que él converso todo el rato. No le comenté nada de la situación familiar, solo me limité a ser una compañía para él. Y lo notó, pero tampoco me quiso sonsacar nada de lo que tenía guardado para mí. Él era un hombre comprensivo, maduro y muy prudente. Eso lo agradecí. Me despedí de él, ya que aún no tenía fecha de regreso y se excusó diciendo que su mamá se estaba ocupando de sus empresas y que debía estar con ella. Fingí comprenderlo y le prometí esperar su llamada. Al llegar a la casa, lo primero que hice fue llamar a Paty, pues necesitaba comentarle mis sospechas con respecto al accidente del tío Alfredo.

—¡Hola Paty! Soy Alejandra.

—¡Hola Alejandra! —me saludó.

—Fíjate, quiero hablar contigo sobre un tema un tanto delicado y no se me ocurrió hablarlo con nadie más —le dije. Eso fue algo impulsivo, lo hice casi sin pensarlo, pero ya le había llamado. Esperaba su repuesta por el auricular del fijo de la casa.

—¿Se puede saber sobre qué? —me preguntó.

—Sí, la verdad es que no sé cómo decirte esto, pero es que tengo mis dudas con respecto al accidente de tío Alfredo.

—Mira Alejandra, esto por teléfono no lo podemos hablar, pero podemos almorzar mañana y lo hablamos, no se lo comentes a nadie más, ¿quieres?

—De acuerdo, quedamos para mañana entonces, te espero en mi oficina —le dije, pues todo mundo sabía que yo no tenía carro y no me podía mover mucho de un lado a otro, solo en taxi.

Nos despedimos y quedamos para el día siguiente. Me preocupaba más ese problema que el asunto de Joey, haría lo que decía Armando. Dejaría los errores a los adultos y que ellos solucionen sus problemas en los cuales ellos se habían enredado. De que lo sentía por mis padres, lo sentía y mucho, pero después de todo tenía un hermano y lo aceptaría, pues ya le quería como tal, desde antes de saberlo.

Paty y yo almorzábamos, muy amenamente, en una cafetería cerca del gimnasio, donde me pasaba la mayor parte del tiempo. Ella ya me había puesto al tanto de toda su vida desde que sus padres fallecieron y lo duro que le resultó superar la prueba del abuso sexual, cometida por su novio y a eso se le agregaba el reciente fallecimiento de la abuela de ella. Se abría como un libro conmigo; por mi parte, solo me limitaba a oírla y en mis adentros solo podía compadecerme de ella, pues su vida no había sido fácil, ya que pasó tantos tragos amargos, cómo el hecho que la persona a la que ama tanto sea capaz de hacerte a la vez, tanto daño. Así como se ama, se odia.

—Siento mucho por lo que has pasado —le comenté con pesar.

—Pues sí, no te voy a negar que la vida no ha sido fácil, pero bueno aquí estoy, tratando de darle significado a lo que hago diariamente y deseando que todo esto se solucione pronto —me dijo.

—Lo sé, te entiendo —le contesté.

—No querida, no lo entiendes aún, pero en algún momento lo harás —exclamó.

No sabía de qué hablaba ni sabía qué esperábamos para abordar el tema en cuestión, solo me dijo que esperemos un poco. Tomamos el postre luego del almuerzo y nos disponíamos a comerlo, cuando de pronto, se sentó sin pedir permiso el detective Lara.

—Hola a las dos, ya estoy aquí —dijo él—. Podemos comenzar.

—Hola detective y, ¿usted que hace aquí? —pregunté.

—Usted quiere hablar de algo que a mí me interesa —contestó.

—No comprendo Paty —mencioné.

Paty, me miró, como pidiéndome que hable. No obstante, lo comprendí y comencé con mi relato o por lo menos, a exponer mis sospechas.

—Creo o estoy casi segura de que al tío lo atropellaron con la intención de hacerle daño, también creo que la copa envenenada era para él y no para Carlos… Creo que alguien hizo parecer culpable a la empleada de la casa. No tengo pruebas, pero la historia que me contó sobre el acontecimiento de Carlos me parece inverosímil. A mí nunca me contó nada de algo así.

—Pues, no estas lejos de la realidad Alejandra —dijo Paty.

—¿Cómo? —pregunté

Ellos se miraron a los ojos con complicidad, entonces él asintió con la cabeza y ella prosiguió.

—Veras Alejandra, el día que Don Alfredo cayó en coma, alguien salió de su cuarto, pues le habían cerrado el tanque de oxígeno, que en ese entonces, lo mantenía respirando… Sin embargo, no encontramos a nadie, así que de inmediato llamé a Lara, quien es el que investiga desde ese entonces. Gracias a Dios llegué a tiempo y no pasó a mayores.

Los vi a los dos.

—No se les ha comentado nada porque se cree que el asesino está en la familia y usted sabe, no se quiere alertar a nadie de lo que pasa. Trato de estar en el hospital sin que nadie se de cuenta —agregó el detective—. Por el momento todos son sospechoso, incluyéndolas.

—¿Usted cree que si yo tuviera que ver con esto le estaría advirtiendo?

—Sí —me confirmó de manera tajante.

—¿Tiene algo de relevante que yo no sepa que me pueda ayudar para avanzar en la investigación? —preguntó Lara.

—La verdad no, solo son sospechas —dije.

Entonces ambos se marcharon a sus respectivos trabajos. Yo, por mi parte, me limité a caminar hacia el gimnasio, pues solo iba por unos papeles que debía leer. Tenía mi mente ocupada y no solo por lo que investigaba Lara, sino también por Javier, mi amor por él no había desaparecido, estaba allí intacto, pero no debía. Tenía que pensar en otra cosa, necesitaba sacarme ese amor de mí y para colmo Gregory se había marchado ya. Los problemas que salían en general en la familia, eran sospechosos y llenos de secretos. ¿Qué más faltaba para que todo se diera vuelta?

Capítulo N° 13

Dispuesta a comenzar un nuevo día, salí de casa de Jessy cuando me topé con la figura de Joey bajando de su auto. Cabe de más decir que mi corazón se aceleró. «Oh, mi hermano», me dije para mí. No sabía si avanzar o parar y encerrarme en mi alcoba. Él se detuvo al verme, le vi a los ojos, se acercó más hacia mí, me abrazó fuerte y mi mente se puso en blanco.

—Te juro que no lo sabía —me susurró al oído.

—¡Lo sé! ¡Lo sé! Te quiero mucho y me hace feliz que seas mi hermano —le dije.

—También lo estoy yo, es maravilloso tenerte como hermana —dijo y me miró con una sonrisa—. Tendré dos padres —agregó.

—No sé cómo lo tomará papá —dije sin pensar en mi madre.

—Ni yo sé cuál será mi reacción frente a él —dijo.

Después de ofrecerme llevarme al gimnasio, le seguí a su auto, mientras íbamos y sin dejar de mirar al volante me contaba de su hija. Sentía también la preocupación por cómo lo fueran a tomar mis padres y cuál será su reacción, pero que por su parte él estaría contento de tener dos papás y solo debía ser paciente, pues se veía entusiasmado.

—Solo quiero que sepas que para lo que sea que necesites mi ayuda, cuentes conmigo —dijo cuando al fin llegamos al parqueo del gimnasio.

—¡Gracias! —le sonreí.

Éramos dos adultos y aparentemente no juzgaba a su madre y ni Alfredo, quien siempre estuvo enterado de que Joey no era su hijo, pero lo acogió como tal, por el amor que le tenía a Janeth. Entré a mi trabajo, saludando al recepcionista, un muchacho delgado y paliducho que trabajaba ahí desde hace ya cinco años, era muy amable siempre con todos. Al entrar a mi despacho divisé a Javier, sentado en mi sillón.

—Llegas quince minutos tarde Alejandra, ¿siempre es así desde que no estoy? —se puso de pie y me cedió la silla.

—Se saluda, primero y no siempre es así, pues Joey fue a verme a la casa y me entretuve un poco con él. —comencé a revisar mi agenda.

—¡Ya veo! Y dime algo, ¿tu novio Gregory piensa volver? —dijo y me miró a los ojos.

Cerré mi agenda un poco molesta por el comentario y decidí contrarrestar su reclamo.

—Los siento Javier pero mis asuntos personales no lo voy a discutir contigo y menos en la oficina, si no tienes temas laborales hazme el favor y me das espacio, que tengo un cliente que atender —mencioné y me puse de pie e hice pasar a una clienta que estaba ya esperándome.

Él se puso de pie y se sirvió una taza de café y se sentó en el sillón mirándome trabajar.

—¡Hola buenos días! ¿Cómo está mi paciente favorita?, ¿cómo vamos con esa dieta?

—¡Hola Dra. Díaz! Ya se imaginará, nerviosa, estoy a un mes de mi boda —dijo Rita.

Ella era una paciente que había llegado a mis manos hace ya cuatro meses, con problemas alimenticios y muy pasada de libras y pronto se iba a casar. Luego de revisar su peso y su presión arterial, le dije.

—¡Pero mira que hemos bajado bastante!, ¡estás hecha una belleza!

Ella sonrió, casi ruborizada, pues ahí se encontraba Javier supervisando mi trabajo o esperando que Rita se marchase.

—Gracias doctora —dijo y luego agregó—. Ya le hice el arreglo final al vestido de novia. Espero mantenerme.

—Bueno, tranquila, que mientras sigas con la comida como la llevamos y el ejercicio no pasa nada, ya llevamos un mes estable y no vas a bajar más, solo nos vamos a mantener en ese peso, para tu estatura y tu edad está perfecto.

—Y yo me siento bien —dijo y luego de agradecerme se marchó.

Ese día no había más pacientes en ningún gimnasio. Solo quedaba revisar y adaptar algunas dietas a ciertos clientes, enviar un par de correos y estaría libre, pero Javier estaba allí, invadiendo mi espacio. Comencé a trabajar sin que me importase su presencia en mi oficina, aunque no quería verlo ahí, no podía correrlo tampoco. Me preguntaba qué era lo que esperaba, ¿qué quería? Casi no podía concentrarme, me perturbaba su presencia. Así que decidí "tomar al toro los cuernos".

—¿Te enviaron a supervisar mi trabajo?

Él solo me miró fijamente, me sentí desnuda sin estarlo, su presencia me ponía débil. Se puso de pie y se acercó a mí. Me puse de pie para que no me tocara queriendo escapar de él, pero me tomo del brazo y me aproximo hacia él, sentí su cuerpo estrechar el mío y mi corazón se aceleró, quise soltarme, pero no pude, era fuerte y pude sentir su corazón acelerado.

—¿Qué quieres de mí? ¡Suéltame ya! —dije e hice una súplica ahogada por el deseo de que no me soltase.

—¡Dime que no te gusta! ¡Dime que no estás en una relación con él y te suelto! —me apretó más contra sí.

—¡Suéltame ya! ¡Esto no es así! —supliqué.

—¿Que te suelte? Estás segura de que eso es lo que quieres, ¿quieres que realmente te suelte?, ¿o prefieres esto? —y me besó, con desesperación, con fuerza, con deseo, me sentía débil, incapaz de soltarme. Lo disfruté como una loca y luego reaccioné. «Carajo, es mi primo», pensé.

—Carajo —pensé—. Es mi primo.

Entonces logré separarme de él.

—No vuelvas a hacerlo —reclamé llorando—. No quiero que te vuelvas a acercar a mí, mantente a un metro de distancia.

Él sonrió complacido y se limpió el brillo que se llevó de mis labios. Entonces se marchó y me odié por ese beso, me odié por ser tan débil y no haber evitado que me besara. Quise limpiar mis labios, pero aún sentía arder mi cuerpo. Mis labios y mi corazón estaban a punto de salirse de sí mismo. Todo estaba tan vivo, tan intacto mi amor hacia él, pero era prohibido, era mi primo y primo hermano.

Y debía tratar de olvidar lo que sentía, por muy difícil que fuera, no entendía porque mi mente y mi corazón eran tan tercos, sabía que lo quería, quería quererlo, pero no debía lo tenía tan claro, con tan evidente confusión terminé mi trabajo hasta la una de la tarde, no quise almorzar, no quería, ni tenía ganas de almorzar. Así que salí del gimnasio hacia el hospital, quería ponerme al corriente de Alfredo y al mismo tiempo ver a Paty para indagar sobre la evolución de Lara con respecto a la investigación, aun sabiendo que me toparía con Javier y hasta con tía Janeth. Y, ¿qué me diría ella con respecto a lo que pasaba con Joey? Cuando llegué al hospital y entré a la recámara del convaleciente, me encontré con la tía Janeth quien me saludó.

—Está mejor, solo estará un par de días en observación.

—Me alegro de que esté mejor —dije—. Bueno yo solo quería saber de su estado, me marcho.

—¡Espera! —me detuvo—. Quiero explicar lo de Joey, yo no quiero que pienses mal de mí —dijo y bajó el rostro.

—¡Tía, no te preocupes! A mí no me tienes que darme explicaciones, sé que a veces uno toma decisiones y espera a que las consecuencias no sean tan graves —la tranquilicé.

No quería que se sintiera mal, después de todo era a mis padres que debía hacerles la explicación.

—Me preocupan mis padres, ¿cómo lo van a tomar? —le dije.

—¡Sí lo sé!, yo tuve una relación con tu padre y luego tu madre…

—Yo quiero saber, no quiero juzgar a ninguno, ya lo hice una vez y lo lamenté.

Alfredo se despertó y lo saludé, él aparentemente bien, contestó sin esfuerzo.

—¡Bien, todo marcha bien! ¡Solo un poco cansado!, ¡ya sabes! Cuando no estás acostumbrado a estar en cama esto resulta un poco cansado.

—Lo sé —sonreí—. Al menos tiene a alguien que está muy al pendiente de usted —y miré a Janeth.

—Quiero hablar contigo Alejandra y espero que así como no quieres juzgar a Janeth y a tus padres, espero que no lo hagas conmigo tampoco. A veces las cosas se dan y uno toma decisiones sin mirar las consecuencias a futuro —Él se incorporó en su lecho y yo le vi con cara de interrogante.

—Bueno, yo les dejo iré por un té —suspiró Janeth y salió de la recámara destinada a Alfredo.

—Me asustan. Yo no sé si quiero saber más secretos.

—Créeme, esto te interesa y solo yo te lo puedo explicar, no nos juzgues ni a mí, ni a mi esposa por darte un hermano, ni a mí por lo que voy a confesar.

Me senté en la silla que había utilizado Janeth. Y respiré profundo, esperando que comenzara lo que tenía que decirme. Me miró y respiro también, mientras yo espere con impaciencia.

—Verás mi amor, todo comenzó hace veintiocho años, con una discusión entré tu tía y yo, fue por nada sin importancia, pero una cosa leve se fue haciendo cada vez más y más grande, al tal punto que me salí de casa, con rumbo a un bar, bar al que frecuentaban mucho de nuestros empleados allí me topé con una de nuestras secretarias, con la cual hice de una pauta de trabajo a una gran amistad de una sola noche en pocas horas, hablamos temas interminables y entré copa y copa terminamos en la cama, al día siguiente volví a la casa, Janeth y yo nos reconciliamos, por supuesto le conté todo absolutamente todo lo que había pasado entré la secretaria y yo. Poco después Janeth quedo embarazada del que sería nuestro último bebe que conformaría nuestra familia. Ella y yo convenimos en que queríamos la sorpresa del sexo del bebe, de mi amante por una noche no supe mucho, renuncio al poco tiempo de nuestro encuentro, sin decir nada, hasta ocho meses después el mismo día que Janeth iba a dar a luz a nuestro hijo estaba allí ella también estaba a punto de dar a luz; imagínate que situación la mía, por supuesto no se lo dije Janeth ambas entraban en pocos momentos en labor de parto y yo que no sabía qué hacer, sabia o por lo menos tenía la certeza de que ese bebe de Daniels era mío. Primero entro Janeth a labor de parto ella pario a una bebé nuestra, y estaba débil se desmayó sin ver a la bebé y mientras la atendían, fui a ver a Daniels ya había parido, a un niño bello y sano pero ella estaba a punto de morir el doctor dijo que no había nada que hacer que si quería hablar con ella. Hablamos y en medio de su debilidad me confirmó que el niño era mío, que no tenía a quien recurrir para que cuidase al bebé y que lo hiciera yo, también se había dado cuenta que la bebé de Janeth había muerto y que ella no lo sabía, el doctor la tenía informada, el mismo me aconsejó que cambiara a los bebés que tenía tiempo, el mismo doctor había dado a luz a Joey y a Armando, que era mi amigo y confidente en algunos casos. Daniel falleció una hora más tarde y antes de morir me dijo: "yo cuidaré de su niña en el cielo", sé que ella cuidará de mi niño aquí en la tierra, solo te pido que lo nombres "Alfredo Javier" y me sentía destrozado y muy consternado —y de sus ojos emanaban lágrimas, yo no podía creer lo que me contaba.

—¡No es mi primo! —exclamé entré lágrimas también yo.

—No, cambié los bebes. Perdóname, esto ha sido un calvario para mí, al igual que tu, Janeth se enteró hace poco.

—Javier, ¿él sabe esto? —pregunté y él solo pudo asentir con la cabeza —¿Hace cuánto lo sabe?

—Mi madre se lo dijo una vez llegaron a Miami, hace un poco más de dos semanas.

Entonces comprendí el enojo de la abuela y la reacción de Javier por la mañana. Me había besado, él sabía por qué lo hacía. Solo que no tuvo los pantalones para decírmelo, entonces me encolericé y limpié mis lágrimas. Me dolía saber que él lo sabía, que no me dijo nada y que su comportamiento era tan frío y calculador conmigo y hasta burlista al besarme a la fuerza, cuando entonces aún creía que éramos primos hermanos.

—¿Dónde está el? —le pregunté.

—Se fue, terminé de explicarle todo esta mañana y tomó un vuelo de regreso a Miami, quiso ver la tumba de su madre. De su verdadera madre y eso es lo que a tu tía la tiene un tanto molesta.

Tenía razón, tenía años pensando que tenía un hijo que era suyo y cuando la realidad era que dio a luz a una niña que nació muerta, hasta demasiado bien había tomado la noticia, no podría imaginarme como lo estaba pasando. Sobre todo, por el simple hecho que las cosas se estaban complicando al salir Javier a reconocer a su verdadera madre.

—¡Perdóname hija! —dijo de nuevo él.

Janeth entró y me abrazó tan fuerte que ahogué mi pecho en un fuerte llanto, ella también lloró y me besó la frente.

—Soy una tonta —dije al fin. Ella no dijo nada, solo me miró y volvió abrazarme, no imaginaba su dolor, pero sí que estaba sufriendo.

Salí del hospital, sin ver a Paty, pues no quería saber de nadie, de nada. Caminé y caminé no recuerdo cuánto, solo sé que llegué tarde a casa, con dolor en los pies. No quería ni ver a Jessy, todos sabían que Javier no era mi primo y no me habían dicho nada y luego estaba él con su indiferencia.

—¿No vas a saludar? —preguntó Jessy.

—No tengo ganas de ver a nadie —le dije molesta.

—¿Qué te pasa? —preguntó extrañada.

—Pasa que todos ustedes sabían que Javier no era mi primo y nadie, ni tú que te considero mi mejor amiga, me dijeron nada —dije con rabia.

—No era mi secreto —gritó.

—¿Ah sí? ¿No era tu secreto? ¡Tampoco era tuyo el secreto de que Joey es mi hermano! Tampoco me dijiste nada. No me dices nada nunca. Soy tu sobrina.

Me fui a mi recámara y comencé a empacar mi ropa, no quería estar un segundo más allí con esa gente. Que mentía, tomé mi bolso y mi maleta y Salí de mi recámara.

—¿Dónde vas? —preguntó molesta.

—¡Lejos de ti y de toda tu mentirosa familia! No quiero saber de nadie.

Antonio salió de su recámara intento detenerme. Pero yo ya tenía una decisión tomada. Pero una llamada me detuvo un poco, era Gregory que llamaba al móvil.

—¿Dime? —del otro lado oí su vos, quería que fuera a Canadá, que él me invitaba y que arreglaría todo en cuanto fuera necesario y que me quería allá. No quería aceptar, pero dadas las circunstancias, no me parecía tan mal la idea, así que le dije que sí, que me iba a Canadá con él.

Acto seguido me marché a un hotel, estaría allí un poco hasta que me fuera a Canadá. A Jessy y Antonio no les había dicho nada. Había cancelado las citas al gimnasio por una semana, tampoco quería ir, a mis padres les había comunicado que me iría una semana a Canadá, pero nada más, ni hicieron preguntas siempre habían confiado en mí. Y complacía que siguiera siendo así. Dos días pasaron antes de mi viaje a Canadá, pues necesitaba ese viaje, lo sentía, estaría lejos de Javier y también de mi familia. No sabía si era lo correcto o me mantendría ocupada, o menos si eso era lo que creía yo. El viaje fue pacífico y placentero, me había imaginado cómo seria viajar, pero a España y no a Canadá, nunca a Canadá. Cuando bajé del avión y cogí mi equipaje y bajé las escaleras eléctricas del enorme aeropuerto de Toronto. Y en la salida, había un señor con un letrero que tenía escrito mi nombre. Le saludé el me pidió el equipaje, ya sabía que era el chofer de Gregory él le había dado indicaciones pero cuando subí a su vehículo el muy amable dijo en ingles su idioma natal.

—El señor está en el cementerio de la ciudad, ¿quiere que la lleve allí o la llevo a la casa donde está la señora Door's?

—Me lleva donde está él, por favor —mencioné.

Mientras íbamos pude admirar la hermosa ciudad, los hermosos edificios y la arquitectura, que era simplemente maravillosa. Me tenía fascinada, era totalmente diferente a lo que se ve en mi ciudad. Se podría decir que hasta en el país entero. Hacía mucho frío, el mes de agosto en esa bella ciudad era el inicio del otoño y se sentía su clima frio. Gregory, muy amable, me había enviado un abrigo muy grueso que me hacía entrar en buena temperatura. Llegamos al parqueo del cementerio y en la oficina pregunté por él, alguien me guió y cuando pude divisarlo a lo largo despedí al recepcionista y caminé hasta él. El cementerio estaba lleno de flores de lápidas, en medio de aquel bello pasto, que comenzaba a mojarse por la leve llovizna que iniciaba en aquel momento. Soplaba un poco de viento frio que llegaba hasta los huesos y que me hacía extrañar el delicioso clima de mi país. No quería ni imaginar cuándo realmente comenzaría el invierno. Antes de llegar hasta donde Gregory pasé por muchas lápidas, pude ver que no estaba solo, que había un hombre con él, ambos muy bien abrigados. No podría ver bien quien era el otro hombre que se encontraba allí. Por la brusquedad de sus movimientos descubrí que discutían, así que sigilosamente me acerqué sin que me vieran, así podría escuchar su conversación.

—Comprende —dijo Gregory un poco alterado—. Ella se separó de nosotros, de su familia, tuvo una discusión con nosotros. Especialmente con mamá.

—Y, ¿por qué hasta ahora me busca? —me quedé pasmada, era la voz de Javier, aún mas alterado que Gregory, pero ¿qué estaba pasando aquí?

—¡No comprendes! No sabía que ella tenía un hijo, que me di cuenta un año después lo que le había pasado, te busqué, desde hace muchos años que llevo en esto, y cuando me di cuenta de que estabas en Honduras me fui para allá. Tengo un año y medio yendo y viniendo. Hace nueve meses que conozco a Alejandra, y cuando me reencontré con ella me di cuenta que por fin te había encontrado, es que te pareces tanto a ella. Y en cuanto me di cuenta me vine para contárselo a mi madre. Y bueno el resto ya lo sabes.

Me nublé por completo mientras observaba lo que hacían o lo que discutían. Javier se dio la vuelta.

—¡Ah! ¡Entonces usaste a Alejandra en esto! ¿Te fue fácil no?

—Tú no sabes nada de lo que dices —explotó Gregory—. Nunca la usé, me enamoré de ella, pero lastimosamente ella te adora y no voy a meterme entre ustedes dos. Aunque fuiste cruel, sabías que no era tu prima desde hace más de dos semanas. Tu abuela te lo confesó. Si no te hubieran informado del estado de tu padre, jamas habrías vuelto a Honduras, lo sabías apenas llegaste a Miami. Un hombre enamorado lejos de la amargura que esto te puede provocar. Era una felicidad darte cuenta de que ella y tú no eran nada realmente. Imagínate que ni siquiera sabemos cómo le cayó la noticia y peor aún como le irá esta —dijo ya más tranquilo—. Escucha, eres mi sobrino, mi madre está feliz de haberte encontrado, está como loca por conocerte, amamos a la misma mujer, pero ella te prefiere a ti, y ¿tú?, ¿qué quieres tú?

—Tienes razón… A todos nos caen las noticias de diferentes maneras, quiero a Alejandra, la amo, pero necesito tiempo, no he digerido bien todo esto.

—No puedes simplemente seguir alejado de ella sin darle explicaciones, entiende que la invité, está por llegar aquí a la ciudad, mi chofer fue por ella al aeropuerto, tienes que hablar con ella.

—No puedo…

—¡Ya paren! —los enfrenté—. Me mintieron los dos y ni tu ni nadie, pueden decirme con quién me voy a quedar, estoy molesta con los dos. Javier jamás lo creí de ti. El gran amor de mi vida era un farsante y dejaste que sufriera día a día. Y tú Gregory que fuiste testigo de lo que sufría, sabías bien mi dolor, sabías bien que él no era mi sangre, tú que has sido mi paño de lágrimas, y ¿dicen amarme? No quiero ver a ninguno de los dos, no me vayan a buscar, me regreso mañana. Ah y con tu permiso usaré tu chofer para que me acerque al hotel de aeropuerto.

No les di lugar a que se explicaran más de lo que ya había oído, me tenían enojada y defraudada.

Luego de registrarme y localizar un vuelo de regreso a mi país, bajé a cenar algo. Aunque no sentía hambre tenía que comer algo. La pena me estaba matando, el dolor de saber algo y el sentirme de alguna manera traicionada. Me tomaba un té de manzanilla cuando sin decir nada Javier se sentó en la silla frente a mí.

—¿Tu? ¿Qué haces aquí? De verdad no me apetece hablar contigo. Lo mismo a ti.

—Sé que te sientes mal por nuestros actos y lo que oíste, perdóname. No quise causarte daño.

—Sé que es difícil —dije pensando en levantarme de la mesa—. Pero pudiste llamarme, sabes entré más lo pienso más me molesto, no tenías derecho. Sabes lo que siento por ti. Y de verdad siento mucho lo que te está pasando, pero me duele lo que has hecho.

—¡Alejandra amor mío! Perdóname —me tomó de las manos.

—Basta, que no soy tu amor —dije e hice escapar mis manos de las suyas.

—Mira Javier, no sé qué te tienes con Lucy y la verdad lo que sea lo respeto. De verdad, no quiero en estos momentos estar cerca de ti.

—Con Lucy no tengo nada, ella podría ser mi madre. Pero, ese no es el punto, te amo. Y quiero que me perdones.

—De acuerdo —dije—. Te perdono. Pero eso no significa que quiera estar cerca de ti. Necesito pensar.

Él sonrió de una manera tan jobial, que casi me río con él.

—¡Tú sí eres peleona!

—¡No! —exclamé—. Esto es un chiste. Ya te disculpé, ya te puedes ir. Vete por favor y cuando hayas resuelto tus problemas me buscas.

Me puse de pie y le dejé ahí solo. Me fui a mi recámara de hotel. Por mi parte, pensé en volver a Honduras lo más pronto posible, mi estado no era como para disfrutar en esos momentos mi depresión se acrecentaba más y más.

—Quizás algún día volveré —me dije ya dispuesta a descansar, pues sabía que el regreso a mi país no sería fácil.

Cuando llegué a Honduras eran las siete de la noche, me sentía más cansada aún. Entre vuelo y vuelo, me dolía la cabeza, no había nadie cuando llegué a casa así que me recosté sin querer saber de nada ni nadie. No quería ver a nadie, con tanto problema en la familia me sentía acorralada y todavía quedaba investigar, ¿quién estaba detrás de la muerte de Carlos si es que así era? Pensar y pensar era lo que podía hacer y tanto que pensaba que tampoco llegaba a nada. En lo mismo que volvía a quedar era en que debía dormir y relajarme.

Muy temprano me desperté el día siguiente después de bañarme y de vestirme, decidí salir a desayunar, pero ya estaba mamá en la cocina, quien al verme me abrazó y me miró con cara de lástima.

—¡Lo siento hija! Fue lo único que se le ocurrió decirme.

—¿Qué sientes mamá? —dije y le vi triste.

—Que todo es una confusión —mencionó mientras me preparaba un café fuerte.

—Armando es el único hijo entré tía Janeth y tío Alfredo, por tanto primo mío y es medio hermano de Javier y Joey; este último es hijo de mi padre con tía Janeth lo que lo hace mi medio hermano y de Javier quien a su vez es hijo de tío Alfredo con su amante de una noche y no tiene ningún vaso consanguíneo mío, sin embargo no tengo ganas de seguir amándolo.

Ella me abrazó fuerte y me miró a los ojos como queriendo adivinar lo que pensaba o lo que sentía, pero nadie podría imaginar la depresión que sentía al pensar en tanto enredo. Sentimos una tercera persona que se nos unió al abrazo era Jessy.

—¿Cómo estás? Javier me llamo ayer para avisar que te regresabas —nos separamos le reproche.

—¿Tú sabías que Gregory tenía algo que ver con todo esto? — ella me miró y suspiró desconcertada.

—No, la verdad no sabía nada hasta ayer que él me llamó. Y lo siento, sé por lo que estás pasando —me volvió abrazar—. No te lo mereces.

—Tranquila, esto sí que no es tu culpa, eres la única que no tiene nada que ver con tanto rollo —dije.

Se despidió de ambas, pues Antonio la esperaba en el auto y ella más que nadie tenía que seguir con su vida, su energía era siempre la misma, más positiva y vitalicia que la de cualquier jovencito de edad temprana. Mi madre ya comía huevos revueltos y frijoles guisados con tortilla de maíz que ella misma había preparado y que también me había servido a mí. Así que estaba ya sentada a su lado y ella lo único que pudo decir para tratar de romper el hielo que mis pensamientos tenían fue lo siguiente.

—Hija ya todo estaba escrito, solo fue cuestión de que saliera a flote. Vamos que es obra del destino, mi amor. Solo tienes que tratar de avanzar.

—¿Te das cuenta madre? Esto es un caos y tú solo sabes decir "ya estaba escrito y debía pasar" ¿no te suena conformista eso? No madre, esto algo que ustedes tejieron en su momento por sus resentimientos, sembraron mentirás desde el principio más que todo tu. A ti y a mi padre no les costaba nada contarme todo desde el principio, esto es un mar de confusiones ahora mismo yo no sé qué pensar ni que hacer.

—Sé que estas molesta, lo reconozco, pero somos tu familia y tienes que aceptar lo que está pasando ya estas grande, madura y comprende que las cosas no siempre están en nuestras manos.

—Si lo que quieres oír madre es que si te odio a ti o a papá. No los odio, pero tampoco considero que merezco que me hables así — dije muy molesta me puse de pie cuando mi padre intervino.

—Alejandra tiene razón, Jully.

—¡Padre! —exclamé al ver a mi padre y le abracé.

—Ustedes tienen que saber cómo me sentí yo al saber que el tenía un hijo con mi hermana, ¿se han puesto a pensar en eso? —estaba ofuscada y molesta por la defensa de mi padre.

—Él no lo sabía mamá. Se aman ¿cierto? Pues ponte a pensar mamá, si la tía Janeth le hubiera dicho a mi padre que tenían un hijo, desde el principio, no estaría yo aquí, él estaría con ella, todos han hecho esfuerzos y en sus esfuerzos han mentido. Pero aceptemos todo tal cual ha ocurrido, total ya salió a la luz, hay que enfrentar lo que sigue. Pero tienen que comprender los dos, que tengo mis razones para estar molesta.

Esperé una respuesta, un reproche o un cariño, pero no, ninguno dijo nada, solo se limitaron a verme y a asentir con la cabeza, cuando el teléfono comenzó a timbrar, una y otra vez y fui hasta la sala.

—¿Diga? —del otro lado se oía la vos de Lara como jadeante.

—¿Dra. Díaz?

—¿Dígame detective?

—¿Doctora necesito verla, está cn su casa? Llego en 5 minutos.

Lo único que alcance a decirle fue "esta bien, le espero" y sorpresivamente colgó. Me dejo pensativa y un tanto preocupada, mientras esperaba, papa se sentó a mi lado en la sala.

—¿Cómo te sientes? —le pregunté.

—Pues ayer cuando vine hable con Joey, fue extraño, pero solo al principio, charlamos mucho y cuando te digo mucho, fue mucho, luego me llevo a su casa conocí a mi nieta, es bella, a la esposa no la vi, ella estaba con Lucy, la doctora esta que es amiga de Jessy. Sabes Joey es un buen muchacho, lo siento Martha —se dirigió a ella quien entró en la sala para escuchar lo que él decía—. Solo que no puedo esconder mi felicidad, tengo dos hijos y uno de ellos es varón, sé que no le crie, pero, es mi hijo.

Mamá solo bajó el rostro y no dijo nada, quizás se sentía mal porque solo le había dado una hija, pero se acercó a ella y la tomó de las manos.

—Amor, perdóname, no lo sabía, pero entiende Joey también es una víctima de todo, ellos sufren y necesitan más comprensión que la que pensamos.

—Joey es un buen hombre —les dije—. Se ha portado muy bien conmigo.

—Lo es y lo siento. Los amo, solo que es difícil asimilar todo esto.

El timbre sonó y levanté y al abrir descubrí al detective Lara del otro lado, lo hice pasar y después de ofrecerle algo de tomar y ser rechazada mi bebida, le hice una pregunta.

—¿Dígame que ocurre?

—Es Paty, ha desaparecido, desde ayer en la tarde noche, no sabemos dónde está. No hay rastro ni huella.

—¿Cómo así? ¿Qué paso? —mi madre le dio un vaso con agua, a pesar de habernos rechazado anteriormente.

—Pues al parecer y según la doctora Lucy, ella la dejó en casa cuando se fue a trabajar al hospital a la hora del almuerzo pero cuando volvió a media noche ya no estaba en casa, y hasta ahora no ha vuelto, no se puede reportar aún, ya que no han pasado las 72 horas, pero yo puedo investigar por mi parte.

—Lucy, ¿dónde está? —le pregunté.

—Lógicamente está afectada por todo esto, pero se quedó en casa, Maggie la acompaña, ya sabe por si ella vuelve o se comunica.

—Y… ¿No hay algún familiar con el que ella se pueda comunicar o donde ella haya ido? —preguntó mamá.

—Pues no —se adelantó a contestar el dectective, que me pareció raro que supiera tanto de Paty, pero tampoco le di importancia por lo que me atrevi a decir.

—¡Mmm! No lo creo, a no ser….

—¿A no ser qué? —preguntó Lara.

—¿A no ser qué?… Ella me comento que tuvo un exnovio que le hizo la vida imposible luego que sus padres fallecieran, quizás el la encontró y ya sabe, no se me ocurre nada más…

—¿Recuerda cómo se llama? —me interrogó Lara.

—Jorge Bustillo. No sé, quizás sea un comienzo.

—Sí, sí me sirve, ¿le dijo de dónde era? —preguntó Lara de nuevo.

—Mmm, no, eso no, pero si fue un amor de universidad y ella se graduó en Tegucigalpa, después de ese incidente y huyendo de esos desafortunados eventos, ella se vino para La Ceiba, donde heredó la casa en la que vive.

—Por lo pronto es bastante, buscaré en la base de datos sobre este tipo y les aviso.

—De acuerdo, yo iré a visitar a Lucy, la pobre ha de estar consternada —dije.

Lara se ofreció a llevarme a la casa de Paty y yo no acepté, después de todo estaba acostumbrada a andar de taxi en taxi, ya que aún no conducía en esa ciudad. Siempre dependía de ellos, de Javier que ya no estaba y de Jessy de vez en cuando, y hasta de Joey. Cuando llegué a la casa, me dispuse a tocar el timbre, pero nadie respondió así que caminé hacia la puerta de atrás de la misma quizás había alguna puerta abierta.

Era la primera vez que entraba en esa casa, generalmente ellas iban a la nuestra, se veía limpia y olía un fresco aroma a limón, pero no había resto de nadie. Saludé una y otra vez con el objetivo de que alguien me respondiera, pero nadie dijo nada, me adentré a las recámaras pasando por la cocina y la sala pero las únicas dos recámaras de la casa estaban vacías, todo parecía en orden, demasiado ordenado y limpio, revise hasta en el único baño con que contaba la casa y no había nadie.

Antes de salir de la casa pude ver una puerta más entré el baño y la cocina que estaba entreabierta y la abrí, comencé a descender a los escalones parecía un sótano, luz de este estaba encendida, no quise hacer bulla y continúe bajando los escalones, nunca había estado en un sótano, y tampoco me gustaba siempre había sabido que eran oscuros y fríos. Y ese no era la excepción, se veían cosas viejas y polvorientas, quizás las cosas de doña Elena y de la misma Paty, tenía la sensación de miedo, pero recorrí el sitio y estaba vacío, mientras caminaba por ese terrible y polvoriento sitio pisé una especie de escotilla en el piso. ¡Qué raro!, ¿un sótano que tiene otro sótano?, me pregunté. Tenía curiosidad, después de todo no había nadie, aparentemente. Comencé a sudar, sentía calor, pero decidí abrir la puerta, dejando mi cartera café aun lado, las gradas eran muy seguras, estaban elaboradas de concreto en comparación con las otras que eran de madera. Se sentía un ambiente helado, había aire acondicionado, además se veía muy ordenado y con mucha claridad artificial, tenía una cama y muebles, era como una recámara más en aquella casa.

—¡Oh! Cielos Paty... ¿Quién te hizo esto? —dije y vi que tenía cinta adhesiva en su boca y estaba atada de pies y manos postrada en una silla.

—¡Oh! ¡Querida doctora! ¿Cómo paso? —le quité la cinta de los lados con mucho cuidado, tenía un golpe en su frente y lloraba de preocupación, miedo, era un manojo de nervios, sus ojos anunciaban miedo.

—¿A quién le temes? —le pregunté de nuevo, pero ella no contestaba.

Su estado era crítico, exaltada y en shock. Comencé a soltarla, primero las manos, pero antes de que terminara, un fuerte dolor de cabeza me nubló por completo, lo cual me hizo caer sin conocimiento al suelo... Fue más tarde que desperté cuando sentí que el dolor en mi cabeza se hizo un poco más leve, pero con la sensación de un hilo de sangre o de sudor que corría por mi frente. Estaba al igual que Paty, atada de pie y manos, miré a mi lado derecho y allí estaba ella aún atada al igual que yo, pero ella lloraba desconsoladamente ambas teníamos una cinta adhesiva gruesa en la boca, la mire con ojos de interrogación y me imagine que muy pronto sabría quien estaba detrás de todo eso, el que había asesinado a Carlos y la misma persona que había atentado contra su vida de Alfredo. Sacudí mi cabeza y sentí un mareo leve, quizá causado por el golpe de la cabeza que había recibido con anterioridad, me aturdía cada vez más, solo podía pensar que la persona de tras de todo era Lucy... de pronto sentí que alguien entro en la recámara, los tacones retumbaban en mis oídos y lo sentía en mi cabeza también.

—¡Veo que ya despertaste de lo que fue tu primer regalo! —dijo quedando frente a mí, era ella, vestía de seda como siempre, traía en sus manos un arma de fuego, y con esa blusa rosa parecía una psicópata. No podía creer que fuera ella, — si Lara mirara lo que pasaba en ese momento —pensé.

—Dime Alejandra, ¿qué sientes por mí?, ¿odio, compasión o miedo? —lo dijo con cólera, traté de relajarme y no mostrarle miedo, aunque lo tuviera, sabía que lo que tenía frente a mí era un demonio disfrazado de angelito.

—¡Contesta! —grito y luego rió a carcajadas—. Se me olvidaba que no puedes porque tienes sellada la boca —caminó a mi alrededor—. Adelantaste tu muerte, ¿sabes? Pero bueno esto me salió más fácil.

Hizo un gesto de cólera, y con esa cólera y rabia me arrancó la cinta de mi boca y a fin pude hacer una pregunta.

—¿Por qué lo estás haciendo?

—Por venganza —dijo contestando rápido, entonces se colocó el arma en la barbilla como pensando—. Venganza, mi querida Alejandra, venganza —repitió.

—¿Hacia quién? o ¿hacia qué? —dije, pues no sabía mucho de armas, pero si había visto un silenciador para armas, sobre la cama.

—¿Qué te hemos hecho? ¿Por qué haces esto? —hizo un gesto negativo con la cabeza.

—¡No, no, eso no es! —me colocó la cinta de nuevo—. Haces muchas preguntas, eres muy sacona, pero de acuerdo te lo diré, de todas maneras vas a morir…

Dio un par de vueltas antes de hablar de nuevo, se oían los sollozos de Paty, se me había olvidado, ella estaba más nerviosa aun, pero no podía hacer nada, estábamos en las mismas condiciones las dos.

—Bueno comenzaré diciendo que yo si conozco a tu amigo Gregory, claro lo estuve esquivando durante estuvo saliendo contigo, ¿es un cobarde sabes? Me abandonó a la mitad de la misión, pero yo puedo sola, claro él no me conoce como Lucy… Ups, lo siento, debí comenzar por allí, por decirte mi nombre real, tu Gregory me conoce como Daniels Door's. Sí mi querida Alejandra, soy hermana de él, cuando le presenté mi plan sobre tu tonta familia el renegó de mí como su hermana. Para mi familia existe mi tumba, ingenié mi propia muerte y claro, sé que ya te imaginas quién era mi objetivo principal desde el principio, ¿te lo imaginas cierto? Pues verás, la muy metida de Doña Elena descubrió mis intenciones sobre tu familia y pues… Ya sabes lo que pasó —dijo con gesto burlón y miró a Paty diciendo: —¡Lo siento amiga mía! La tuve que hacer a un lado…

Luego de la copa envenenada, pobre Carlos cayo, no era para él, le salvó sin saber la vida a su querido tío, sí tontita —me tocó la cabeza con el arma—. Él es mi objetivo, el gran Don Alfredo Lozano. ¿Sabes por qué? Pues verás, me quitó lo más sagrado que tengo, me quitó a mi hijo, sí Alejandra, se lo dio a Janeth, dos partos complicados, después de esa noche de amor momentánea para él, porque para mí fue más que eso, yo lo amaba, pero no iba a dejar a su esposa por una simple secretaria pasante de medicina, lo volví a ver ocho meses, en el hospital, fue difícil mi parto estaba débil, a causa que tanto dolor causado por el parto perdí la oportunidad de tener más hijos, quede vacía por dentro, estaba moribunda, no se creía que sobreviviera ni lo creí que iba a superar todo esa aplicación, él aprovecho y cambió las actas, los bebés con el doctor, que era su amigo, todo para quedar bien con su amada Janeth, y yo me quede vacía con una niña muerta, aunque sabía que mi hijo era un varón sano y fuerte, yo si sabía lo que había parido, sé que estaba más muerta que viva, no podían engañarme, Por Javier retome fuerzas y viví por él. para recuperarle.

Entonces comenzó a llorar, mientras hablaba con cólera y desesperación.

—¿Sabes lo que es ver a tu hijo con otra mujer? No, no tú no sabes nada, eres una niña de papi y mami que apenas tiene un problema amoroso se muere de dolor. ¿Y yo? ¿Mi dolor que? —mientras me gritaba, salían lágrimas de sus ojos, lágrimas de dolor y pena—. Tu gran tío, sabía que yo había vivido, sabía que yo era Daniels, todo este tiempo y ¿sabes? Lo calló, creyó que me iba a conformar con solo verlo y tenerlo cerca, pero no, no podía permitirlo, me costó encontrar a esta familia, después hacerme amiga de Jessy y soportar vivir año tras año todo y él como si nada pasara. Lo atropellé, con el objetivo de matarlo y que hombre más afortunado no murió y claro, por culpa de Paty se ha complicado más con el idiota de Lara, esta le dijo que miró a un supuesto hombre entrar en cuarto de hospital, fue allí cuando me di cuenta que no solo yo quería hacerle daño a tu familia, no fui yo. Así que investigue quien era, eso sí me costó, casi que no adivino, pero cuando encontré a esa persona, me alié con ella, a eso le súmanos lo de la empleada de la misión, es que ese Lara si es imbécil, tuve que ingeniarme el supuesto amorío con Carlos y hacer parece un asesinato pasional hacia él para que se cerrara el caso… —había cesado de llorar.

—…Eso fue fácil, el diario la muerte y la nota suicida, lo que más me ha dolido es que mi propio hermano me haya abandonado con la venganza. Pero nada va a detenerme, eh hecho yo todo, no ha sido fácil pero aquí estamos, ahora les tocara a ustedes; Paty por metida, y tu mi querida Alejandra entiende mi hijo no es para ti, eres muy poca cosa para él, además él es mío, no se comparte. Pero de todas maneras estabas en la lista de mi aliado también, por lo que me hace más fácil las cosas —dijo y suspiró limpiando su rostro y maquillándose de nuevo.

Mi bolso lo había dejado sobre la cama, desde un principio. Después de guardar el arma en su bolso continúo.

— Bueno por lo pronto me voy, debo ir a fingir dolor, ya saben lo afectada que me tiene la desaparición de Patricia, mi mejor amiga.

Se rió de vernos allí atadas en esas sillas, era una locura lo que pasaba, ella se marchó, a toda prisa, observé a Paty, estaba sufriendo, y se veía afectada, descubrir que su mejor amiga la había traicionado convirtiéndose en ese moustro lleno de odio y amargura, pero estaba más repuesta, parecía más decidida, la vi como intentando soltarse, descansaba y lo volvía a intentar, estaba realmente dispuesta a luchar para soltarse, hice lo mismo, pero mis cuerdas las sentía socadas, me estaba haciendo daño, pero debía seguir intentando. En cambio, ella lo había logrado, primero sus manos y luego sus pies, se quitó la cinta se su boca y se aproximó.

—Por suerte cuando volvió atarme estaba más, concentrada en que te ibas a despertar, escucha; la otra no tarda en venir, se turnan, así que fingiremos estar atadas y le daremos un golpe con esta botella que tengo cerca, no te imaginas el suplicio con estas dos locas —me dio un beso en la frente, y me abrazo, ya estaba libre de las manos, ella me quito la cinta de la boca y solo pude preguntar.

—¿Locas? ¿Es mujer la otra persona? —me miró con esos ojos negros llenos de dolor.

—¡Si y ni te imaginas quien es! Lo sabrás en un rato, ahora nos ataremos los pies y finge estar atada de manos ponte la cinta, por favor no actúes hasta que yo lo haga. —le vi sus muñecas con marcas de sangre por la zoga.

—¡Oh! ¡Paty, tus manos!

—No te preocupes, no es nada en comparación con el daño emocional que ya me ha causado, oh el que nos puede hacer si no la detenemos.

Se veía un poco más fuerte, decida, estaba dispuesta a atacar, en cualquier momento. Yo estaba nerviosa y preocupada no sabía qué hacer, cuando al fin se sentó y se ató los pies, se colocó la cinta en la boca se quedó quieta, lo mismo hice, solo esperando a que llegara la otra aliada de Lucy, no pasaron ni 10 minutos cuando se escuchó que se abría la puerta de arriba y bajaban los escalones, cuando al fin la tuve frente a mí, no pude adivinar quién era, tenía un pasamontañas negro, vestía de negro, pantalón, blusa, pasamontañas y hasta los guantes que asaba y claro tenía un arma, como la de Lucy, después de dar un par de vueltas a mi alrededor, me veía incrédula, quizá no podía creer que estuviese allí frente a ella, atada de pie y manos y con una cinta en la boca. Paso el arma por mi rostro y solo pude cerrar mis ojos e imaginar con todas mis fuerzas ¿Quién podía ser? ¿Quién estaba tan loca como Lucy? A ¿Quién le había hecho daño sin darme cuenta? Pero no caía en Razón, me dolía la cabeza, por alguna razón sentía más miedo con ese ser que tenía frente a mi apuntándome en la sien, quizás porque no sabía quién estaba detrás de esos pasamontañas, el no saber quién era me estaba impacientando y solo pensaba en soltarme y destaparle el rostro y así poder describir a la persona que nos odiara tanto como para que acompañara a Lucy en tan grande faena.

—¡Jajajaja! —se carcageo con voz fingida—. No puedo creer que estes aquí. Bueno solo fue suerte, despúes solo faltara asesinar a tus padres para completar la escena.

Sentí rabia, ¿mis padres?, pensé, ¿qué tiene que ver mis padres en todo eso? Tenía ganas de actuar y de soltarle un golpe, pero debía esperar a Paty, la botella después de todo no estaba cerca de mí, y solo podría entorpecer el plan. Pero no entendía por qué no aprovechar ese momento para hacerlo, quizás Paty quería que me cerciorara de lo mala que era esa persona, sin razón ni causa, o quizás si había una razón.

—Lastimosamente no morirás ahora mismo, Lucy quiere estar presente, ella si es una verdadera maestra, su plan es bueno, hasta cómo vamos a hacerlas desaparecer. Sin dejar rastro. No he matado a nadie aún pero por esa herencia lo hare, querida.

¿Herencia? Me pregunté en mi mente. Hablaba de la parte que le correspondía a mi madre, por herencia, no podía creer que fuera Maggie la que estuviera detrás de todo por unas cosas materiales, o ¿había más dinero que los simples gimnasios? Pero amaba a Joey, y el a ella, no podía ser ella, era buena. —dio la media vuelta y Paty se puso de pie soltándole un tremendo golpe en la cabeza, la botella se quebró en mil pedazos mientras ella caía al suelo inconsciente. Lo primero que hice fue descubrirle el rostro, Paty puso su mano derecha en mi hombro y me miró con tristeza. Y pude ver su cabello rojo recogido en una coleta, su pálido rostro sudado quizá por el pasamontaña negro, me desvanecí en el suelo, llorando y haciendo mil reproches,

—¿Por qué? ¡No es justo para Joey!

—Lo siento, no es justo para nadie, pero él es fuerte y lo superara. —Paty me levanto y tratando de consolarme me dijo.

—Tranquila se dieron cuenta a tiempo, el sabrá que hacer. Y hará lo correcto y conveniente para él y la pequeña, ven levántate vamos recuerda que hay una suelta por allí —me ayudó a levantarme y ambas comenzamos a atar a Maggie a una de las sillas, donde antes éramos las presas.

Comenzamos a subir las gradas una a una.

—Mira esto, mi abuelo construyo esta casa, siempre me pregunté ¿porque hizo un sótano dentro de otro? Solía venir aquí cuando estaba pequeña, sin saber que tiempo después esta sería mi cárcel, ¿habrá enterrado algo o a alguien? —dijo ella y rió.

—Vamos, hay que darnos prisa, háblale a Lara y dile que reúna a todos en la mansión de los Lozano. No le digas nada de mí. Ahora mismo te veo afuera, voy por algo.

Tomó dirección hacia las recámaras, por mi parte llame a Lara y le explique lo que debía hacer, hizo muchas preguntas y logre persuadirlo, y darle las indicaciones, espere a Paty mientras tanto pensaba en lo trágico que todo parecía, entré tanto problema, suspiré, pensé en que mi compañera de secuestro quizá no había comido nada y tenía fuerzas de seguir luchando y… Quizás Lucy tenía razón, me ahogaba en un vaso con agua, tenía que ser más fuerte y mostrar valentía aunque no sabía de dónde. No pasó mucho tiempo, en los que me di cuenta que ni había mirado al cachorro de Paty deambular por la casa, así que en cuanto llego a mi lado le pregunté por el, a lo que ella me respondio.

—Ni me lo recuerde, ella lo mato frente a mí, pero las ha de pagar. Lo hará sé que Lara la hará pagar.

—Lo siento —la abracé.

Salimos de la casa con rumbo a la mansión Lozano, me afectaba pensar que mi hermano tenía que sufrir por su causa, él se veía tan enamorado de ella y aparentaban una vida feliz en matrimonio, pero la ambición había hecho que ella actuara de esa forma, y eso nunca lleva a nada bueno, hasta la pobre Sofía sufriría por su ambición, y sus malas decisiones. Yo solo podía apoyarle y darle ánimos, como la hermana que era. Y tratar de ayudar a cuidar a la pequeña Sofía.

Capítulo N° 14

Como lo había planeado la doctora Patricia Zelaya, habíamos llegado a la mansión, íbamos decididas a desenmarañar todo cuanto ocurría, con lo que no contamos es que Lara también llamaría a Lucy a la dichosa reunión, en eso no habíamos pensado, así que ella propuso quedarse fuera de la mansión esperando un poco mientras me aseguraba que todo marchara bien allí dentro, cuando por fin entré a la sala, todos volvieron a verme para mi sorpresa ya está Lucy allí, quien al verme se puso muy pálida y enseguida se levantó para ponerse tras de mi amenazante. Ante tanta presión y miedo solo se me ocurrió decir;

—¡Buenas tardes! —Alfredo estaba sentado en una silla de ruedas, vestía una bata señorial, se veía limpio y fresco, en cambio yo estaba sudada y quizá sentía sangre en mi espalda. Pero ya estaba allí, eso era lo de menos.

—Querida Alejandra ¿dónde has estado?, hemos estado preguntándonos por ti. —sentí la presión de su cuerpo tras el mío.

—¡Buenas tardes familia! —se oyó la vos de Javier entrando por la puerta principal.

Todos se alegraban de verlo, le saludaron, yo no podía moverme estaba amenazada por Lucy, tenía que hacer algo para llamar su atención y tenía miedo de hacerlo, — y si me llevara a Lucy de allí antes de que hiciera más daño. —pensé mil formas de persuadirla, pero simplemente no tenía idea muy clara.

—Bueno, bueno, ¿nos podemos sentar? —dije, me miraron con cara de asombro, no sabía que hacer o decir y todo se tornó silencioso. Me sentía desesperada y al ver a Javier de nuevo allí, me había dado las fuerzas para actuar, cerré los ojos…

—¿Qué pasa Alejandra? Te noto preocupada. —preguntó papá. El me conocía, se puso de pie y quiso acercarse a mí.

—Papá por favor vuelve al lado de mi madre. —estaba misteriosa y ellos lo sabían. Vi Alfredo en esa silla de ruedas y recordé a doña Elena en aquel ataúd, no le conocí pero parecía que era una persona bastante cariñosa, recordé el rostro de Carlos, sus conversaciones, y luego su rostro jadeante en su último aliento a mi lado. Me brotaron lágrimas sin poder evitarlo, todo era un caos y Paty me esperaba afuera decidida a todo con tal de parar a ese par de locas, ella tenía más valor que yo, que no sabía qué hacer, estaba loca enfrentándome a ellas no era valiente.

—Está bien —dije limpiando mis lágrimas —Lucy me secuestro cuando descubrí que tenía atada a Paty en el sótano de la casa.

—¡mentira! —exclamó Javier — ¿Por qué te empeñas en culpar a Lucy? ¿qué te ha hecho?

Ella lo miró complacida y le sonrió diciendo;

—¡Gracias Javier!

Lara me miró y estudio la situación.

—¡Por favor tienen que creerme esta armada esta!…

—¡Ya deja el teatro! — ella saco el arma y la puso en mi espalda.

—Tiene razón —dijo Lara —doctora por favor baje el arma.

—Te dije que tuvieras cuidado… pero no hiciste caso — dijo tomándome por la espalda, me asusté mucho, mientras todos observaban la escena que se desarrollaba en ese momento.

Mi madre ya lloraba y le suplicaba a Lucy que me soltara.

—Ella no le ha hecho nada por favor déjela.

La tensión se ponía peor cuando tome valor para decirle;

—¿Me vas a matar?

—Si creo que sí.

Alfredo se puso de pie, tambaleante y débil para suplicar;

—¿Pero a qué se debe todo esto? ¿Qué es lo que quieres? ¿Por qué lo haces?

—¡Calla Alfredo! eres el único culpable de que todo esto pase, de lo único que me arrepiento es que Carlos haya tomado esa copa envenenada. Y de que hasta el accidente le haya dejado vivo.

—¡Así que fuiste tú! —grito Janeth —¿tú le hiciste daño a mi hijo? …

—Y no solo eso… asesine a tu empleada, y a Doña Elena y estoy a punto de matar a tu metiche sobrina y todo ¿Por qué?

El silencio reino para esperar lo que tenía que decir, por mi parte era rehén de Lucy y lo único que quería era que ella no le hiciera daño a nadie, no sé cómo pensaba salir de todo eso si ya había confesado sus pecados uno tras otro, ¿Qué hacía? El poder de tener el arma la tenía loca o quizás el hecho de su fracasada venganza

—Y ¿Quién eres y porque lo haces? —interrogó Armando que estaba muy relajado. Era el único que estaba sentado.

Ella lo miró muy molesta, se sentía burlada.

—A ver Alejandra sirve de algo y explica, porque eso de repetir me enloquece.

—A ver, pero cálmate, ¿quieres? Bueno pues es la exsecretaria, la madre de Javier…

Todos la veían como incrédulos de lo que yo decía, Javier se aproximó a nosotras un poco ella se hizo a tras junto a mí.

—Yo visite la tumba donde se supone que descansas, Gregory, me dijo que estabas muerta.

—¿Eres tú? —dijo Alfredo.

—¿Ósea que en realidad Alfredo no te reconoció? —le reproche —¿me mentiste?

—Bueno querida era otro momento entonces, y si soy yo, no morí, yo… cielos estoy aquí para recuperar lo que es mío, mi hijo. A ti Javier, soy tu verdadera madre, te amo estoy aquí por mi bebe. —lo último lo dijo con lágrimas en sus ojos. —eh hecho muchas cosas por recuperarte y por vengarme de este señor al que amaba y me engaño. —era muy cambiante, lloraba y al mismo tiempo expresaba ira.

—Estoy aquí —dijo Javier con sentimiento. —¿porque no me dijiste desde el primer momento la verdad? Ahora me tienes, ya se la verdad, vámonos.

—¡Hijo por favor! —dijo Janeth.

—¡Es mi hijo Janeth, tu hija nació muerta, era niña! —esto último lo grito.

—¡Mamá! Por favor mami, vámonos deja a esta gente, Gregory estará feliz de verte, la abuela también. Ella está un poco enferma, no te gustaría verla estos últimos días.

—Calla, tú amas a esta gente, te criaste con ellos.

—¡No… madre yo estoy contigo! Lara no nos seguirá. Eh vivido engañado es tiempo de recuperar el tiempo perdido. —le extendió la mano, y le puso cara de súplica, en ese momento ella le miró más relajada, ella le extendió la mano soltándome, y sin bajar el arma. Él se pudo acercar y dándole un beso en la frente por fin la abrazo. De pronto se oyó un golpe, y Lucy cayo desvanecida en los brazos de su recién encontrado hijo y de esta misma manera dejo caer el arma. Suspiré con alivio.

—Lo siento tarde un poco —dijo Patricia quien de manera triunfal tenía en sus manos un objeto de cobre, dicho esto le reviso el pulso, aún seguía viva, por su parte mis padres habían corrido a abrazarme, y Javier sostenía a su madre, la cargo hasta dejarla recostada en el sillón más grande de la sala. Joey, Armando y Antonio le ayudaban a Lara a poner a Lucy en custodia.

—Falta una. —exclamó Paty. Se encuentra atada en el sótano de mi casa, me tenían secuestrada cuando descubrí lo que habían hecho y bueno luego llego Alejandra y el trabajo fue en equipo —se rio.

Janeth y Alfredo se abrazaban, y Javier estaba en shock, se veía muy afectado, sin saber qué rumbo tomar, o que a hacer, y le daba la razón, se veía totalmente confundido, en medio de tantas personas conocida y a la ves desconocidas, veía a todos lados y no lograba concretar con nadie un abrazo de alivio, salió corriendo sin detenerse, le grite, quise alcanzarlo y Lara me detuvo, debido a la situación de secuestrada tenía que aclarar la situación que acaba de suceder en aquella sala.

—¿Quién es la otra involucrada? —indago Lara. Paty me miró y mire a Joey con tristeza.

—¡Lo imagine! —dijo Joey —es la única que falta aquí, hasta Sofí juega arriba con la nana.

—¿Crees que es Maggie? —interrogó Alfredo preocupado.

—No lo creo papá, estoy seguro, sé que se trata de ella, ¿cierto chicas? —nos volvió a ver, ambas asentimos con la cabeza y el agregó;

SENDEROS

—No se preocupen, yo debí informar desde el principio, mi matrimonio con Maggie estaba en su declive, todo era una pantalla, más que todo Sofía era la que me hacía aguantar tantos desplantes de ella hacia mí, ella estaba muy interesada solo en el dinero, todo era dinero lo que teníamos y lo que no teníamos, lo siento chicas. —bajo su rostro con tristeza.

—Tranquilo, estamos para apoyarte en todo hijo. —dijo mi padre.

—¡Gracias!

—Vamos amiga de lucha deja que vea tu golpe —me pidió Paty con tanto ajetreo ni siquiera me acordaba de mi golpe. Ella pidió un botiquín de primeros auxilios, y comenzó a revisar mi cabeza.

—¿Qué pasara con Lucy? —pregunté.

—Sera juzgada, lo siento por Javier y por su familia pero ella debe responder por sus actos, no sé hasta qué punto Maggie esté involucrada con ella pero será juzgada por complicidad con ella para empezar, de verdad siento mucho esta lamentable situación. —se disculpó Lara y se alejó hacer llamadas.

—¿Y Javier? —pregunté.

—Tranquila, el necesita estar solo —dijo Armando —no te agobies, no es fácil lo que le está pasando, hay que tenerle paciencia. —mis padres asintieron.

Jessy y Antonio quienes hasta ese punto solo habían sido espectadores de lo que pasaba, sin dejar de sentir lo mismo que todos sentíamos se veían más aliviados en especial Antonio quien había caído como sospecho como premio, el que por circunstancias del destino había sido involucrado en toda la vida de esa caótica familia.

—Bueno estando atrapadas esas dos mi futura esposa y yo podemos emprender la marcha verdad.

—Supongo que si —confirmo Jessy y lo beso. —serás mi feje y capitán.

Los veíamos demostrarse amor y complicidad, ellos no tenían problemas para amarse y demostrárselo, se veían felices y básicamente lo eran, desde que se habían declarado su amor;

—Alejandra te quedas en tu casa, cuando nos vallamos, este piloto y yo.

Sonreí de verles felices y asentí con la cabeza, ya Paty había terminado su trabajo conmigo, Alfredo se retiró con Janeth, él debía descansar y Joey decidió quedarse a dormir con sus padres allí en la mansión Lozano Oliva, no quería decirle nada a su hija, para no hacerle daño. Lara había confirmado la llegada de agentes a la casa de Paty para tomar a Maggie en custodia y allí mismo para hacer lo mismo con Lucy, Paty y yo estaríamos listas para hacer nuestra declaración, después de un merecido baño. Y de esa manera se iban a cada uno a su sitio, menos Javier, el aun no aprecia, no sabía nada de él, y me dolía saber que estaba en alguna parte sufriendo el solo, sin compartir con nadie lo que le pasaba, no tenía idea donde podría estar, el hecho de ser una persona sensible lo hacía menos predecible para mí, tampoco podría ir y a buscarle tenía que hacer mi declaración. Las cosas no pudieron salir mejor ese catastrófico día y me sentía aliviada de saber al fin que la persona que había cometido tantas atrocidades iba a pagar por fin sus pecados y Carlos descansaría en paz, se iba hacer justicia.

Un hermosos sol decoraba las calles de mi bella ciudad ceibeña, la briza marina hacía que las palmeras se mecieran de un lado a otro, el ir y venir de sus gente hacían de La Ceiba un lugar lleno de vitalidad y me sentía feliz de pertenecer allí, ese era mi lugar, así se lo había hecho saber a mis padres, allí había encontrado el amor y a mi familia perdonada, había conocido el dolor y el desamor también, y todo eso me tenía de buen humor, saber que todo iba bien en la familia me tenía mejor aún, mis padres y mis tíos iban de a poco, aceptando sus errores y perdonándose los mismo, mamá parecía estar familiarizada con sus hermanas y con Joey, mi padre disfrutaba de su nieta, Alfredo iba recuperándose de a poco, Javier evitaba encontrarse con toda la familia, no había querido hablar con nadie, pasaba las horas el solo y las dos veces que había intentado acercarme a él me había rechazado sin decir nada solo salir huyendo, nunca lo había sentido más alejado de mí que en esos dos días que habían pasado desde la captura de Lucy y Maggie, Gregory y la señora Door's habían llegado desde Canadá para ver a Lucy, desconocía si Javier le hubiera visitado en la cárcel.

—¿Cómo te sientes? — Me preguntó Jessy mientras se servia almuerzo en casa.

—Pues triste por la actitud de Javier, pero tranquila mis padres están bien, se llevan mejor que antes, supongo que ya no ocultan nada. —le sonreí —¿y tú? ¿Cuándo se van?

—Pues veras ya entramos en etapa de vuelos, pero debido a lo acontecido Antonio y yo nos queremos escapar mañana por un mes a algún lugar de Europa.

—Pero ¿están locos? —le pregunté con una sonrisa.

—La verdad no fue mi idea, pero lo apoye. Sabes sé que tú y el tuvieron algo y sé que yo le llevo unos años pero no te imaginas lo agradecida que estoy por haberlo puesto en mi camino.

—Me imagino. —le dije.

Ambas sonreímos y terminamos de almorzar, ella estaba feliz y el para hacer las cosas que hacía por ella lo estaba también, nunca en nuestros años universitarios le había visto tan feliz.

Tenía días de no trabajar y ese día también me lo había tomado también. Lo que hacía era llevar y traer a mis padres de un lado a otro, en realidad esta ves si les había disfrutado, ya Jessy me había cedido su auto y básicamente ya estaba al tanto de los pagos que había que hacerse durante su ausencia, estaba feliz de poder serle útil. Ese día después de almorzar iría por mis padres a casa de Janeth, ellos les habían invitado almorzar allí para comenzar a cederles el gimnasio que le correspondía a mamá aunque nada cambiaria en cuestión laboral, Por mi parte seguiría siendo la Dr. Nutricionista de los mismos, y Joey se encargaría de la administración de dos de ellos, ya que hasta el momento Javier no había renunciado a su trabajo. Cuando llegué a la casa Oliva, tomaban una taza de café en el jardín luego de saludar a todos los presentes me había sentado en una de las sillas junto a Armando.

—Esto era reunión familiar y no me avisaron eh? —le dije.

—Nosotros acabamos de llegar —dijo Joey señalando a Sofía y a Armando.

—Solo éramos los cuatro, hija —me dijo mi padre.

—Y de ¿Qué hablan? —les pregunté.

—De la vida, de lo que ha pasado —dijo Janeth.

—¿Y Javier? —pregunté.

—Sigue en su burbuja, no ha querido hablar con nadie —dijo Alfredo—. Esta tarde se reunía con el tío y la abuela, desconozco si habrá ido, y eso lo sabemos por qué Gregory llamo para avisar.

—¡Mmm! No sé qué pensar, me rechaza a mí también, no sé qué hacer. —dije preocupada.

—Y ¿con Gregory no has hablado?

—No quise contestarle una llamada que hizo en la mañana mamá.

—Deberías haber contestado, solo así sabrás algo, creo que siente que les debe tiempo a ellos, más que a nosotros, no ha querido oírme, ni a mí las razones que me impulsaron hacer lo que hice en su momento —dijo Alfredo.

—Lo comprendo, quizá se siente defraudado, a descubierto muchas cosas y no es fácil, todo lo que ha pasado —agregó mi padre.

Por mi parte no quise decir nada más, solo ser una oyente de lo que ellos reflexionaban sobre Javier y sus problemas, los cuales eran de todos, los allí presentes, el juicio de Lucy y Maggie seria pronto y el quería estar en esos momentos, aunque de todo lo ocurrido la protagonista era La Dr. Lucy o Daniel Door's, que era su nombre real, me tocaba ser una de las declarantes a ese juicio como a toda la familia. Aunque ya se pronosticaba que sería encerrada por mucho tiempo. En cambio, Maggie no le tocaría mucho, su complicidad y el intento de secuestro era lo único que tenía como acusaciones, Joey le había dicho a su hija que su madre se encontraba de viaje y que estaría un tiempo fuera del país, esto para no lastimarla, con justa razón lo hacia ella no se merecía saber la verdad sobre su madre.

Capítulo N° 15

Un mes había transcurrido un mes loco, lleno de grandes desafíos comenzando el juicios de las dos personas que habían querido hacerle daño a mi familia, Lucy había quedado con 30 años de prisión, ya que en mi país no se aprobaba aun la ley de cárcel de por vida, y Maggie solo había tomado una condena de 5 años de prisión ya que se demostró que ella solo había sido cómplice hasta cierto punto de los actos cometidos por Lucy, después de este juicio y para compensar a su nueva familia Javier se había ido a Canada desde hacía ya un par de semanas, no sin antes escuchar a su padre la historia sobre los acontecimientos que lo habían llevado hacer lo que hizo, y además de eso le demostró a su madre de crianza, ósea a Janeth, que la quería y que era la única mujer que reconocía como madre, esto lo sabía por el relato de ellos, no por Javier, aun no había hablado con él. estaba dispuesta a esperar hasta que se sintiera listo para estar conmigo si así lo deseaba, por mi parte no solo era la nutricionista de los tres gimnasios sino que también, me hacía cargo de la administración de uno de ellos, cada día que pasaba desde el juicio me sentía más relajada, emprendedora, hasta había agregado una hora de ejercicios a mi día, me gustaba me sentía activa y dispuesta a comerme el mundo, cada que podía me acercaba más a mi sobrina pasaba con ella algunos domingos y nos entréteníamos.

Armando trabajaba solo en su oficina, ya que las vacaciones en las escuelas y colegios había comenzado, por esa razón mis padres vivían conmigo en casa de Jessy, quien aún ni sus luces de su viaje con Antonio, se la pasaban viajando de un lugar a otro, lo bueno de todo era que no gastaban en pasajes de avión. Mis almuerzos generalmente los hacía con Patricia y con Lara, estos últimos dos se habían creado una relación muy cercana, la cual evolucionaba, quien iba a decir que Lara había llegado para quedarse en el círculo de amigos, casi todo se había habituado de manera normal, solo Javier, el no regresaba y comenzaba a extrañarlo cada día más, se me dificultaba mucho olvidarle, no paraba de soñar y pensar en él, la espera cada día se hacía agónica y sufría de no poder tenerlo conmigo ya había agotado la única opción que era la de comunicarme con Gregory este solo me había dicho. Que le diera tiempo que él se comunicaría conmigo cuando estuviera listo y esto me llevo a escribirle una carta. A través de Alfredo había conseguido la dirección de la casa de ellos en Canadá, comencé una carta que sabía que no podría evitar leer:

Joven Javier Lozano;
He esperado por ti, y seguiré esperando, mientras espero guardare
este inmenso amor que siento por ti, desde siempre tu amor me inspira;
Desde que te conocí
No eh dejado de pensar en ti,
En tus labios que endulzan mi boca.
Desde que te conocí, no eh dejado de sentir,
El aroma que llevas enredado en tus cabellos.
Desde que te conocí
Me has hecho bien feliz,
Me ínsitas, me animas,
Olvido mi desilusión.
Desde que te conocí,
No eh dejado de sentir
La luz que desprenden tus ojos azules
Desde que te conocí
Me atrevo a decir
Que el hombre que amo
Eres infinitamente tú."
Te espero con ansias… no tardes tanto
Siempre tuya.

Alejandra Díaz.

Me apresuré a enviar mi carta por correo, en tres días estaría en la dirección que tenía el sobre, quizás esperaría una llamada de su parte o una carta parecida. Me hacía ilusión pensar que pronto sabría de él.

La navidad se había celebrado en la mansión Lozano, todos estábamos allí, excepto el, ni siquiera se había dignado en llamarme o contestar mi carta, mi desilusión se hacía día con día más grande y me dolía saber que todo mundo estaba feliz y yo… esperando por alguien que ya ni sabía si iba a regresar, las decoraciones navideñas y la bulla. Por la llegada del año nuevo tenían a todos con la cabeza hecha líos, y solo me limitaba a disimular el dolor que me causaba la ausencia de Javier, ya ni le pregunta a Alfredo o Janeth por él, me dolía más a mí que me dijeran que no tenía fecha aún.

Debido a las fiestas mis padres y yo nos habíamos ido a pasar esos días a la mansión para no estar en ese ir y venir, era divertido, lejos del dolor que me causaba la ausencia de mi amor loco. También disfrutaba de la familia en especial de la pequeña Sofía, una nena hermosa que siempre andaba sonriente, dándole alegría a la familia, hasta Armando había encontrado pareja navideña.

—Hola mi querida prima. —me saludo la tarde el 31 de diciembre, vestía casual, y estaba acompañado de una hermosa mujer de cabellos negros risos.

—Hola Armando ¿Cómo estás? —saludé a su amiga.

—Ella es Leticia, se quedará con nosotros a cenar.

—Qué bueno, bienvenida —dije y le di un beso en la mejilla.

Era la primera cita formal que le conocía a Armando desde hacía mucho tiempo. Él se veía feliz y ella era callada, era poco lo que había conversado con ellos antes de retirarme a la recámara dispuesta para mí en esa casa Armando me había confirmado que Javier y Gregory estarían ese día en casa, que no sabía la hora pero que era un hecho que llegarían. No quise decirle nada ya ni ánimos de saber de Javier tenía, solo encerrarme después de la cena.

En casa la cena de fin de año estuvo dispuesta a las nueve en punto todos comíamos y unos conversaban con otros, Lara y Participa nos acompañaban, ellos no se podían quedar fuera del banquete después de todo ya formaban parte de la familia. Después de la media noche me había retirado a mi recámara huyendo de tener que ver a Javier o a Gregory en medio de tanta gente, me sentía molesta por no recibir una llamada, ya tenía un poco más de dos meses sin saber de él y ya no quería seguir haciéndome la loca esperando a alguien que no le importaba en lo más mínimo. Sentía la necesidad de odiarlo por tenerme en un completo abandono en pleno siglo 21 y existiendo mil formas de comunicarse, no se había tomado 5 minutos para hacerlo, ya ni pensar en el quería, su desinterés hacia mí era lo que me hacía querer borrarlo de mis pensamientos, sin darme cuenta entré tantos pensamientos me dormí.

Eran las 6 de la mañana cuando me había levantado, así que me aproveché de mí, y asistí a la primera misa del año que siempre daban a las 7 de la mañana en esa ciudad, después de eso me dirigí caminando hacia la playa, y ya con la sandalias en mi mano me adentré hasta que las olas traviesas rosaran mis pies, la frescura del agua me tenía relajada, se veía muy poca gente era sano estar allí, como sana era la cuidad en ese entonces, caminé de un extremo a otro y lo disfrútate mucho, hacia un día precioso, con esa fresca briza y mis deseos de no salir de allí estaba como excitada de placer, el poder disfrutar de tanta vitalidad, sentía en los pies la fina arena blanca que al chocar con las olas del mar se limpiaban y luego volvían a ensuciarse, era una experiencia única de relajación y tranquilidad, de paz y armonía. Así caminando, Salí de la playa y me dispuse a la casa de Jessy, dispuesta a dejar de lado a mi amor imposible por el simple hecho de él no quería saber mí, pero tampoco estaba dispuesta a morir de amor si la vida era bella y no me podía quejar, me sonreía en el campo laboral y familiar, me había propuesto dejar de lado a Javier y continuar con lo que tenía de vida, me gustaba ser parte de una gran familia y sabía que tanto mis padres, como mis tíos me amaban y yo a ellos. Ahora tenía una familia. Suspiré al entrar en casa, esa era mi casa, la sentía asi, aunque Jessy fuera la propietaria, había llegado allí para quedarme, amaba esa casa y lo que había pasado aunque fueran momentos felices o amargos pero eran momentos que la vida me había hecho vivir y que debía aprender a lidiar con ellos como recuerdos.

Me dirijo a la cocina tenía hambre y comencé a preparar unos huevos revueltos con frijoles sudados y tortilla de maíz que siempre había en la nevera, estaba inspirada en mi desayuno cuando oí que la puerta principal sonó, asustada recorrí la casa y a no ver a nadie volví a la cocina;

—¡Hola! —dijo Javier, que estaba moviendo de un lado a otro mis frijoles. Le vi molesta.

—¿Y tienes hambre? —el dijo, se había dejado crecer la barba un poco, se veía más atractivo su cabello más corto y no podía evitar sentir un aparente nerviosismo, eso me demostraba que estaba intacto mi amor hacia él.

—¿No vas a darme un beso y un abrazo de año nuevo?

—No creo que te lo merezcas —le dije, el solo sonrió y se acercó a mi abrazándome, le devolví el abrazo e inmediatamente me escapé, el me detuvo del brazo.

—¡Te amo! Perdóname por favor, yo soy de lenta compresión para estas cosas, no me des la espalda…

—¿Dos meses, sin saber de ti? ¿Te parece poco?

—Lo siento, pero no voy a darte más excusas que esas, y es verdad tarde, pero comprende, te amo, no ha sido nada fácil para mi nada de lo que ha pasado, siento mucho la falta de comunicación de mi parte.

Sus brazos rodearon mi cuerpo, quise luchar, para soltarme, pero no podía lo quería allí a mi lado no quería que se fuera más, lo amaba y me sentía una tonta por querer luchar por quitármelo de encima, me beso la frente, luego las mejillas y por último la boca, y besos largos que basto para caer rendida a sus pies.

—No te vueltas a ir. —pude suplicarle al fin.

—No lo haré.

Sus ojos se clavaron en los míos y fue suficiente para saber lo que sentía…

Fin

Agradecimiento

Quiero agradecer a Dios en primer lugar, por brindarme salud y una Familia maravillosa que me ha brindado su apoyo incondicional; A mi madre por el esfuerzo de darme la oportunidad de una Educación digna. A mis Tías Leris, Eva y María, Hermanos y Primos Con quien compartí una niñez maravillosa, en especial a Carlos y Didier, gracias por su apoyo incondicional cuando lo he necesitado. A mi esposo Allan sin él esto no se habría logrado; Tu y nuestros hijos son esa fuerza que me impulsa a seguir siempre hacia adelante.

Sobre el Autor

Alana Saldivar, nació en la ciudad de La Ceiba, Departamento de Atlántida, en Honduras, Centro América, con una vasta experiencia laboral como maestra de educación primara y pasante de la carrera de Licenciatura en Ciencias Sociales, decide publicar esta su primera obra titulada "Senderos", que comienza a escribir a inicios del año 2003, esta entrega literaria nos lleva a un recorrido por géneros como el romance y el drama.

CPSIA information can be obtained
at www.ICGtesting.com
Printed in the USA
LVHW041736200620
658099LV00006B/541